最好的养育就是好好和孩子说话

蔡中元 著

HOW to TALK to YOUR CHILD EFFECTIVELY

中国友谊出版公司

图书在版编目（ＣＩＰ）数据

最好的养育就是好好和孩子说话 / 蔡中元著 . — 北京 : 中国友谊出版公司，2020.7

ISBN 978-7-5057-4919-1

Ⅰ.①最… Ⅱ.①蔡… Ⅲ.①家庭教育－语言艺术 Ⅳ.① G78

中国版本图书馆 CIP 数据核字 (2020) 第 103079 号

书名	最好的养育就是好好和孩子说话
作者	蔡中元
出版	中国友谊出版公司
发行	中国友谊出版公司
经销	新华书店
印刷	河北鹏润印刷有限公司
规格	710×1000 毫米　16 开
	14 印张　110 千字
版次	2020 年 7 月第 1 版
印次	2020 年 7 月第 1 次印刷
书号	ISBN 978-7-5057-4919-1
定价	49.00 元
地址	北京市朝阳区西坝河南里 17 号楼
邮编	100028
电话	(010) 64678009

再 版 序 言

　　这本书出版之后，我收到不少人的褒奖，感到有些惭愧，因为自己并不如他们所说那么优秀，也不总是能做到和孩子好好说话。我有点担心，人们看了这本书之后会误以为我们应当成为完美的父母。实不相瞒，在为人父母方面，我不仅没有完美的追求，甚至可以称得上是不求上进。如果完美的分数是 100 分，我的目标是保持在 60~75 分之间。合格以上，优秀未满的分数我已感到满意。75 分可能是我以及大多数父母能力的上限，即便不是，我也不愿意承受再往上努力涨分造成边际递减效应带来的巨量损耗。毕竟我们不只是为了养育儿女而存活在这个世界上，父母也有自己的生活和事业。

　　但这并非意味着我们可以在家庭教育上走向恣意妄为、放任自流的另一个极端。做到 60 分合格并不是容易的事情，我们也许不需要做优秀的父母，但至少要尽量保障不触及"伤害"的底线，然而有时候我们就在毫无意识的情况下甚至以"爱"的名义伤害了孩子，我不用举例，大家应该能感觉到我们没少这么干过。

我们也不要太高估父母对子女的影响力，特别是在孩子心理品质养成方面。相比普罗大众，心理学界大大看低父母对子女心理品质的影响力。你可能有办法影响孩子拥有什么样的一技之长，有办法影响孩子拥有什么样的学识水平，有办法影响孩子拥有什么样的朋友。但在心理品质方面，人类具有明显的先天倾向性。很多父母和老师在忙碌地给孩子贴上"内向""害羞""鲁莽""冲动"等各种标签，并耗费了相当多的精力在纠正它们，来适应我们认为必须遵循的刻板迂腐的行为准则。如果你明白每个孩子都有他独特的天性，那么我们就能节省下这部分精力，把它用在更有意义的事情上。我并非意指要任由孩子"胡作非为"，而是说我们不必把教育的目标指向那些空洞而务虚的标签上，这常常会让父母和孩子陷入一场找不到敌人在哪里的战争之中。同时，我在高中做生涯教育，渐渐意识到现代社会虽然仍对某些性格有所"偏爱"，但同时也已经发展到足够多元以包容孩子丰富的个性。所以，即便从成功学的角度来看，并没有哪种特定的天性会导致人生的失败。当然，家庭教育并非成功学。

人类自称理性动物，那是相对其他动物而言，我们有更加发达的大脑皮层。但人类的理性其实十分有限，从某种程度上来讲，我们愧对"理性动物"这个称号。早在上世纪 50 年代，心理学家们就发现，人们一次只能注意到 7 ± 2 个单元的信息，现在研究表明，这个数量更低，你的理性空间可能只有 5 个单元的容量。也就是只需要往你脑袋里加点任务、加点情绪、再加点猜疑和想象，当小得可怜的理性空间被塞满超量信息而系统崩溃时，你只能任由情绪和本能的怪兽四处乱窜。我们并非大部分时间都生活在理智下。

希望本书不会让你感觉自己像是一个糟糕差劲的父母，你愿意翻开本书，这本身就从侧面印证了你很可能已经是一个足够好的父母，至少是一名想要变得更好的父母。

这让我想起一个工作难题：那些愿意翻开书本学习的父母，其实并不是最需要改变的群体；那些从不曾想过要看书的父母，才是真正需要做出改变的对象。所以我很感谢各种因缘际会拿起这本书的人们，感谢乐意把这本书推荐给身边朋友的人们，也谢谢那些热心给我反馈的朋友们，我有一个相识多年的朋友甚至一边阅读我的书一边主动帮我做重新改版的"审校工作"，大家的关注和支持是这本书能够再版的原因，也让我对自己的想法更有信心。希望这本书在未来能一次次变得越来越接近理想的模样，让知识借由我去发挥它的价值。

蔡中元
2020 年 1 月

目 录

CONTENTS

第一章

"不好好说话"的巨大破坏力

1-1 好好说话不是为了让孩子"听话"

在本书的一开始，我想让大家看一篇我发表过的文章。

爸爸妈妈，请好好说话

看到孩子把脏鞋子穿进家里——

对自己孩子："你看你这么不讲卫生，去把鞋子换了再进来。"

好好说话："去把鞋子换了再进来。"

对别人孩子："没关系，我们也都是直接踩进来的（其实并没有）。"

饭桌上，孩子不吃饭了——

对自己孩子："你这孩子怎么那么挑食，真难养，知道爸妈赚钱做饭多辛苦吗？不准挑食，把饭给我吃完。"

好好说话："不行哦，饭要吃完。"

对别人孩子："不爱吃是吗？那你想吃什么？阿姨给你重新做。"

孩子们在一起玩，父母在旁边看——

对自己孩子："你看你总是挑食，瘦得像只猴子，小明比你壮多了。"

好好说话：（这个时候闭上嘴巴就是好好说话。）

对别人孩子："小明长得真是帅，又壮实（其实有点肥）。"

出去游玩，孩子到处逗留——

对自己孩子："你怎么那么慢啊，别那么调皮，我们要去下一个地方了，快点跟上。"

好好说话："我们要去下一个地方了，快点跟上。"

对别人孩子："没关系噢，阿姨等你噢。"

逛街的时候孩子要去游乐场玩——

对自己孩子："游乐场不好玩，你都那么大了，那是给小屁孩玩的，我们还要赶回家，没时间去玩了（倒是有时间逛街）。"

好好说话："我们还要赶回家，没时间去玩了。"

对别人孩子："可是我们来不及回家了，要不今天不去玩，我给你买冰激凌吃。"

对比"对自己孩子""对别人孩子"和"好好说话"三种说话模式，很明显我们对别人家的孩子比对自己的孩子似乎更温柔、更友善、更宽容。我当然并不提倡这种"对别人孩子"的说话方式，因为这种方式用"纵容"来形容更准确一些，这是一种培养熊孩子的教育模式。有人和我开玩笑说，你不懂，我们这是要把别人的孩子惯坏，好让自己的孩子以后更有竞争力。玩笑归玩笑，这说明大家其实意识到"纵容"和"溺爱"的教育方式对小孩有许多害处，但对自己的孩子却常常矫枉过正，反而过于严厉苛刻，甚至横加指责。这样的对比也给我们提了个醒，以后在教育自己孩子的时候，想一想我们对待别人孩子的态度，两者一对比，你可能就会意识到自己对待孩子的态度有多么糟糕。

你可能会觉得采用"对自己孩子"的说话模式很正常，也很常见，大家都是这么做的。但"正常"和"常见"并不意味着健康，我们也不能因为它"正常"而放任自流。一个不懂事的孩子跟老师反驳，因为其他同学上课说话了，所以我也可以说话，这是不对的。同样，一个打骂小孩的家长理直气壮地说，因为其他人都是这么教育小孩，所以我也这么做，也是不对的。简言之，大家都这么做，不代表这么做就是正确的。而且所谓"大家都这么做"的理由，能给我们带来一种"至少没做得比别人差"的错觉，让我们更加心安理得地任由我们的性子对孩子恶语相向，从这点看来我们比孩子更像孩子。孩子的任性有父母约束，而我们的任性没人可以约束。孩子从小到大一直在接受各种教育让自己变成这个社会满意的模样。教师也需要经过师范学院的系统学习，至少也要通过教师资格测试才能从事教育工作。而当孩子生下来，父母通常没有任何培训就直接上岗了。日本作家伊坂幸太郎说过："一想到为人父母居然不用经过考试，就觉得真是太可怕了。"

我提倡的是"好好说话"的说话模式，有些家长可能会觉得现实生活中碰到类似的情况，好好说话孩子根本不听。是的，是有这样的可能性。可我们好好说话并不是为了让孩子"听话"，而是要照顾好你和孩子的情感关系。你和孩子的情感关系良好，孩子就更可能听从你的要求；反之，你和孩子的情感关系不好，孩子就更可能违背你的意愿。大人尚且如此，何况是自制力不如大人的小孩。我们并没有办法去改变别人，除非对方自己愿意改变，而情感关系是影响一个人是否愿意做出改变的关键。另外，我写这个章节更多是为了说明我们在教育孩子的过程中常常出现言语暴力而不自知，孩子不愿听从父母要求的情况并不在此处讨论范围之内，后续我们会有专门的章节进行讨论，而且过度的假设对进一步的讨论并没有帮助，你觉得好好说话孩子不会听，可你不好好说话孩子也不见得会听。并没有证据能证明严厉指责甚至打骂孩子等不好好说话的教育方式在让孩子更"听话"上长期有效。既然都不见得有效，我们何不选择一种不会让彼此都心情沮丧的方式——"好好说话"呢？

当然，好好说话也并非要让我们变得温顺或服从，相反地，好好说话是积极进取、坚持不懈的，而非无所作为、放任纵容的。相信我，坚持好好说话也许不会马上见效，但肯定会逐渐提高孩子愿意做出符合你意愿的行为的概率，也让你和孩子之间的关系变得更好。我反对严厉教育孩子，但并不代表我反对严格教育孩子。严厉并不等同于严格：严格是有原则的，是理性的，是基于道德法律的是非判断；而严厉是情绪失控的，是非理性的，是过度苛求的强硬手段。

1-2 言语伤害有多常见

有一次在餐厅吃饭，旁边一桌坐着一对母子。

妈妈问儿子："晚饭想吃点什么？"

儿子回答："随便吧。"

妈妈马上沉下脸来说："怎么那么没主见，没有随便这道菜，要吃什么自己决定。"

儿子皱着眉头仔细地在菜单上挑选了起来，过了一会儿说："妈妈，我要吃炸鸡排。"

妈妈一口回绝了："这太上火啦，你还在咳嗽你不知道吗？"

儿子接着又说："那我要吃海鲜烩饭。"

妈妈有点不耐烦地说："不行，你吃海鲜会过敏。"

儿子一把把菜单甩到一边生气地说："这也不能吃那也不能吃，我不吃了！"

妈妈开始发火了："我这是为你好，怎么那么爱发脾气！"

之后母子之间唇枪舌剑一发不可收拾……

这样的场景你是否似曾相识呢？因为这样的场面经常在生活中上演，以至于我们都不觉得有什么不对的地方。如果我们现场采访这位母亲，她很可能觉得自己没有恶意，而且并不认为她在对孩子实施言语伤害，这一切后果都是这孩子脾气太"坏"引起的。我们常常都不觉得自己的言语是有伤害性的，但我们的言语有时确实引发自己和孩子的痛苦，而这个黑锅又被甩给小孩来背。

还有一次，我带儿子去诊所看医生，有一对正在排队等候的父女，小女孩大概三四岁，那位父亲看上去十分忙碌，不停地接打电话。小女孩排队久了没事做就开始在诊所里到处走。她父亲看到了就把她拉回来，不耐烦地告诉孩子"好好站着不要乱动"。后来小女孩跑得更远了，跑到诊所的门口去。她的父亲再也忍受不了这"调皮"的孩子，一把将她拉回来，大声训斥："你是听不懂我的话吗？是不是又想挨揍了？"小女孩下意识地往后退了一步。那位父亲把这当成是她反抗的信号，更加生气地说："我叫你别动！"同时一把将她拽紧了。小女孩开始低声啜泣。"你还哭！"他抢起手臂就往小孩的屁股上揍去，"我让你还调皮！我让你还调皮……"

打骂小孩的事情在我们生活中并不少见，但是像这位父亲情绪如此狂躁，并表现出对自己小孩深深的恶意，着实把我吓了一跳，而且他的殴打持续了一段时间，言语上的训斥还没有要停止的意思。我在旁边坐立难安，我能感受到这个小女孩很愤怒又很可怜，可我又能为她做什么呢？那位父亲看上去并不是那么容易被说服，如果我出面劝说，他并不愿意配合甚至更加迁怒于自己的小孩又该怎么办呢？还好当时诊所的医生也看不下去了，出面制止，那位父亲才放过了他的女儿。我觉得诊所的医生比我有勇气多了。离开的时候，我看了一眼那个小女孩，小小的身躯，眼神里满是恐惧和委屈。对于这个事情我一直感到愧疚，所以一直放在心上，同时也发现，有些人根本不配为人父母。

近几年来经济发展非常快，家庭教育和学校教育的进步还是显而易见的，我们拥有更丰富的资源来改善教育条件，家长和教师的教育理念已经有很大的提升，一个可观察的指标就是父母对孩子和教师对学生"肢体上的暴力"已越来越少见，这是我从学生时代到教师生涯 20 年来的观察。这是很多教育行业以外的人可能不太赞同的观点，他们可能还认为现代的教育还像以前一样野蛮落后，这跟媒体的夸大宣传有很大关系，教师群体身上表现出来的爱护、耐心、公益、奉献，都显得太无聊、太乏味、太理所当然了。大多数人只会在体罚学生、收取红包、性侵幼童等问题上才又关注到老师，关注到教育。

事实上，现在已有不少学校逐渐开始重视学生的心理健康，孩子在校园中相比以前已经较少受到肢体上的伤害，我们转而越来越关注孩子们是否受到言语上的伤害，能否被善意地对待。相比较之下，言语上的伤害并没有那么明显。注意，我说言语的伤害不明显并不意味着它的伤害小，实际上它带来的伤害可能远远超过肢体上的体罚和暴力。

有一项调查显示："言语伤害""同伴暴力""运动伤害"成为当前小学生中亟待解决的三大校园伤害问题。其中"言语伤害"位列首位，其发生比例高达 81.45%。

这种言语上的伤害可能持续多长时间？我在网上曾经看到一个引发网友热烈讨论的话题：大家经历过的孩童时期最具精神摧残力的一句话是什么？回复五花八门，但是它们有一个惊人的共同点，这些最具精神摧残力的话语 80% 来自父母，还有剩下的 20% 几乎都来自老师。

父母和老师对孩子的言语伤害多么普遍，哪怕这些网友已经长大成人，有的已经上了大学，与父母天各一方，有的甚至已经成家立业，为人父母，但是这么多年过去了，来自父母或老师的言语伤害仍然被他们相当"看重"，念念不忘。父母们可能会大喊冤枉，觉得事实并不是这样，自己本意也并非如此，可惜你的本意并不重要，客观事实是什么也不重要，听者的感受才是最重要的。

语言构筑了我们的主观经验，从某种程度上来讲，语言就是世界。当我们实施言语上的伤害，这些未经检验的评价、指责、判断会很容易被不谙世事的孩子当作"事实"，而孩子在人生早期构建的"真实"经验会十分稳固，乃至潜移默化地影响一生。早期经验对儿童心理成长的重要影响已经是心理学的共识。例如，一个生性羞涩的孩子（心理学研究表明有1/3的孩子天生敏感，更容易表现羞涩），父母却总是急于将他推向各种社交场合，但因为天性敏感的孩子在社交场合表现"糟糕"，父母很失望地批评他："你太容易害羞，你这样以后是适应不了社会的。"这样的评价很容易就被孩子当成了"事实"，相信了"我是适应不了社会"的结论，在未来人生道路上，孩子就很可能通过选择性注意片面经验来证实父母的结论是对的。不管父母的预测准不准确，这句话对孩子的成长没有任何帮助，更何况这样的评价极可能是不准确的，至少现在并没有任何客观的证据能证明天性羞涩的孩子长大后无法适应社会。而从心理学的职业规划来看，天性羞涩的孩子可以在不太需要与人交际的工作岗位上表现得比其他人更优异，例如图书管理员、科学研究等工作。所以，我们必须对语言的使用保持高度的敏感，因为作为孩子的重要他人，我们的语言在极大程度上影响着孩子构筑自己的"真实"世界。

在教育小孩特别是相对年幼的小孩时，我们常常会用精练、可操作又具体形象的语言进行教育，因为小孩子没办法记住太复杂、太长的话语或大道理，这有利于他们快速建立适应社会的行为规范。例如，"饭前便后要洗手""见人打招呼才有礼貌""吃饭不能浪费粮食、不挑食"等等。

有一个妈妈说了一件关于她小孩的事情：有一天，她让女儿（6岁）帮忙买个东西，女儿却对她说："你说过自己的事情自己做！"

"自己的事情自己做"，几乎所有的小孩从幼儿园开始就被这样教育。但仔细一想，这似乎有点问题。假如妈妈忙得不可开交，实在抽不开身自己去买东西，"自己的事情自己做"的回应是不是有点自私和推卸责任的意味呢？

我觉得如果要教育小孩适当承担与年龄相符的责任，让她学会独立，更准确的描述方式应该是"自己能做的事情自己做"，而非"自己的事情自己做"，看上去只是差了两个字，但含义完全不同。回到妈妈让女儿帮忙买东西这个例子上，如果妈妈忙得不可开交，自己不能做买东西这件事，显然女儿回应"自己能做的事情自己做"并不适合妈妈的状况。如果是妈妈在家里跷着脚看电视，叫女儿帮忙买个东西，这个时候回应"自己能做的事情自己做"才是合适的。

其实你告诉孩子"自己的事情自己做"就是我说的"自己能做的事情自己做"的意思，但是多了两个字就更能够提醒我们这句话的内涵，让我们知道什么时候该教育孩子学会独立、承担责任，避免自己只是需要一个"小仆人"以供自己随意地差遣的情况发生。总之，"自己能做的事情自己做"比"自己的事情自己做"更能传达要学会独立、承担责任的含义，而不会发生各人自扫门前雪的自私和冷漠的情况。

所以，别小看一段话中的两个字的差别，这就是我前面说的，我们必须对语言的使用保持高度的敏感，尤其当你的身份是父母或者教师的时候。

我们的爱常常裹挟着伤害，在本节的末尾，我们来看看常见的来自父母或老师的言语伤害都有哪些。

　　"你不要为了不写作业就装病！"

　　"就只是个玩具而已！"

　　"才考90多分有什么好高兴的！"

　　"别哭了，娘娘腔才哭！"

　　"宝贝，我们都是为你好！"

　　"你是我们唯一的希望！"

　　"要不是因为你，我们早离婚了！"

　　"又是你？他们怎么不欺负别人就欺负你，有没有想过自己有什么问题？"

　　"算了，就这样了，我们再也不管你了！"

　　"书都读不好，你还能做点什么？"

　　"整天只知道玩，你知道爸爸妈妈赚钱有多辛苦吗？"

　　"你是爸爸妈妈路边捡回来的。"

　　"养你有什么用！"

　　"你看看人家！"

　　"你再不好好努力，长大了就跟你爸一样！"

　　"你怎么都听不懂啊！"

　　"我骂你是因为我爱你！"

　　……

1-3 言语伤害有多严重

心理学大师欧文·亚隆认为，所有寻求心理帮助的个体，通常有两个最关键的困难：一是建立并维系有意义的人际关系；二是维持个人的价值感（自尊）。有办法建立并维系有意义的人际关系的个体通常也有较高的自尊，有较高自尊的个体也更有能力建立并维系有意义的人际关系，因而通常很难将这两个相互依存的领域分开来谈。

我们先只讨论有关自尊的部分，沙利文曾经说过："自我也许可以说成是由从他人那里得来的评价所组成的。"换言之，在人们早期发展的过程中，他人对儿童的看法，会决定儿童如何看待与评价自己。他人的评价确实会影响到儿童的自我评价，从而影响一个人的自尊水平和心理健康水平。而父母、老师又都是孩子生命中的重要他人，父母和老师的话无论是积极的还是消极的，影响都同样是巨大的。

试想，你发了一条普普通通的日常微博，然后有一个你根本不认识的网民在你的微博下面污言秽语、无端指责，你可能会生气，但还不至于让你痛苦不堪，说不定这件事还可能成为你和好朋友们茶余饭后的谈资。现在换一种假设，发表评论的不是一个不认识的网络暴民，而是你的父亲，他突然在你的微博里发表评论，把你臭骂一顿，我想你感到痛苦、愤怒、悲伤的可能性要比前面那种情况要大得多，而且对你的持续影响也要更长久，甚至成为一辈子都难以解开的心结。两者之间有这样的区别，原因就在于父母是你的重要他人，他们对你的评价于你非常重要，甚至是最重要的。

根据我做心理咨询和心理辅导的经验，大多数来访者无论在讨论多么痛苦的事情都会在情绪上尽量保持克制，但是一旦话题讨论到父母身上，他们的情绪可能一下子就崩溃了，哪怕他们极力地想要克制，甚至连连向我说对不起，说不希望咨询被自己的情绪打断，甚至想要跳过关于父母的话题。

这些来访者们的伤痛常常是来源于父母不经意的言语："你怎么就不能好好学习了？""爸妈把你照顾得好好的，你有什么好烦恼的呢？""怎么同学就针对你不针对别人？一个巴掌拍不响，有没有想过自己有什么问题？""你知道爸妈赚钱有多辛苦吗？你长大了要懂事一点。""你是大姐，要让着你弟弟。""就你这性格，以后在社会上怎么立足？"……相信大多数父母听到孩子的内心话再对比孩子内心痛苦的情绪，会诧异到张大嘴巴无言以对，因为你不曾与我一样在咨询室见证过成百上千的来访者的哭诉；没有心理咨询的经历，你很难相信父母不经意的言行，会对孩子造成如此巨大的影响。

在父母的认知水平和社会阅历都远胜于儿童的早期成长经历中，父母不断重复的"教育"（包括言语和行为）会非常容易被儿童内化，父母用主观言语为儿童构筑的经验世界，会让儿童长大后更倾向于去证实父母的论断。儿童很可能会通过选择性注意、对现实信息的主观扭曲、营造验证自我的社会环境等方式来证明父母"教育"的正确性。

我很喜欢用这个故事来说明父母是怎么通过言语让子女重复着他们的

命运。一个母亲有段不幸的婚姻，独自把女儿带大，从小就教育女儿，天底下的男人没有一个是好东西。这个女孩一天一天长大，上了大学之后，有一个男生喜欢上了她，她也挺喜欢这个男生的，但是她又想起母亲说过"天底下的男人没有一个是好东西"，所以她想考验一下这个男生，于是不管这个男生怎么追她，她心里虽然喜欢着对方，却一直冰冷冷地对待他。时间过去了好久，这个男生发现女生对他冷冰冰的，于是灰心丧气，认为这个女孩确实看不上他。由于在追她的过程中经常找这个女孩的舍友帮忙，于是渐渐地喜欢上了女孩的舍友，最后这个男生和她的舍友在一起了。女孩得知这个消息之后，非常伤心，她更加确信天底下的男人没有一个是好东西。

同理，当你不断地用言语告诉孩子"你性格这么内向，以后怎么在社会上立足"的时候，他会不加以验证地接受这样的评价，"弱小"的儿童也根本无从验证来自父母的评价是否客观，他也会认为"内向是不好的""我没办法在社会上立足""我要变得外向一点"。当他通过努力发现无法彻底摆脱内向的状态（内向其实很受先天遗传的影响，而且每个人都有内向也有外向的一面），他会更加确信自己是无法适应社会的，并且通过选择性地注意那些内向害羞的经历，忽略那些活跃外向的经历来证明父母传递给他的评价——"我内向，我无法在社会上立足"。等到孩子真正变成了父母预言的模样，这倒也成了父母"高瞻远瞩"的有力证据，有的父母甚至振振有词地说："你看吧，我早就说了，你就是不听！"

你可能不是第一次从我这里听说言语评判对孩子成长的巨大影响，这确实并非我一家之言，而是有许多心理学理论知识的支撑。我想提出一个问题供大家思考，既然知道言语评判有许多坏处，那为什么我们还是会继续做这样的事情，甚至热衷于用言语评判他人？那是因为"评判"这个行为也给我们带来了许多好处，它可以帮助我们评估外部环境的优劣，以做出更加符合自身利益和社会规范的言行。比如，我们有"闯红灯是错误的""遵守交通规则是正确的"等评判帮助我们做出更符合自身利益和社会规范的行为，让我们选择遵守交通规则，免于交通事故，也避免了交通堵塞。再比如，我们认为"按时吃早餐对身体健康有好处"，那么我们也会更倾向于做出按时吃早餐的有利于自身健康的行为。所以，评判可以说是我们生活的日常，也给我们带来了许多好处，指导了我们的生活轨迹。这也是我们特别擅长并热衷于评判的原因。

"评判"或者"评价"用在物理世界的评估上是客观的，但是用在评估人性上却难以准确度量，人类至今都无法做到科学、准确、客观地度量人性或者人格。难以准确统一的评价常常会带来争议、矛盾、冲突、混乱。我们来看看它具体是怎么给我们心理上带来困扰的。当我们对一张桌子做出这样的评价："这是一张红色的桌子"或"这是一张血淋淋般的桌子"，哪一句话更容易让人感觉不舒服？通常会是后者让人更加心生不适。具体是哪部分评论让人心生不适呢？我想是"血淋淋"这三个字比"红色的"更加让人感到不舒服。评判沾染上主观色彩就更容易撩动人的情绪。再比如，有一个人描述一个跳舞的男生——"他刚刚做了一个扭腰的动作"，另外一个人则描述为"他刚刚做了一个娘娘腔的动作"，很显然后者更让人心生不适。

我们再来看两句针对人的评价，"他真是让人讨厌"和"我真是让人讨厌"，"他真是一无是处"和"我真是一无是处"，哪种描述方式更让你难受？我想大多数人同样会觉得后者更让人感到难受。我们都是更倾向于自我关注的，我们更看重自己存在的价值和意义而非他人，认知行为疗法也认为消极的自我概念是心理困扰产生的核心原因。所以，当我们的评价并非是描述事物的客观属性（大小、长短、颜色等）而是带有主观感受，当评价并非指向外界（其他人和事）而是指向自己的时候，更可能引发我们的情绪困扰。

"孩子你真是太糟了，吃饭像乌龟一样慢"比起"孩子，你今天吃饭用了 40 分钟"会更加伤人，前者会被认为是带有伤害性的言语。有时候也可以通过孩子的自我描述来了解孩子心理问题的严重程度。如果有一个高中的男生来咨询室这样介绍自己："我的身高 165cm，体重 50kg，喜欢练瑜伽。"而另一个男生这样介绍自己："我身材矮小只有 165cm，身体瘦弱只有 50kg，我蛮喜欢练瑜伽的，但是总觉得练瑜伽有点娘。"我们会倾向于判断后者的心理问题更严重，因为"矮小""瘦弱""娘"这些形容不仅消极而且主观，带有主观感受的评价常常是以偏概全的，事实上大多数的瑜伽大师都是男性。

前面的章节我们已经讨论过作为孩子的重要人物——父母和教师，对孩子的评价会极大地影响到孩子的自我评价。我们处在权威的地位，又和孩子情感上紧密联系，看上去如此阅历丰富和知晓一切。在越幼小的孩子心中，大人们的评价越是容易被不加以分辨地奉为真理。

比如，教师因为学生时常上课走神开小差而批评他说："你学习态度这么不端正，以后能认真对待工作吗？再这样下去，你注定是个失败者。"这样一个来自于生命中的重要他人——教师——的评价可能被孩子接受，而一旦这个评价成为孩子较为稳固的自我概念，孩子就可能更倾向于不断通过自我验证从而确信"我注定是个失败者"的结论。因为自我概念通常非常稳固，所以我们在接受外界信息的时候往往倾向于接受能够保持和强化自我概念的信息，来增强确定性，消除不确定性所带来的心理不安感。

根据 Swann 的自我验证模型，有积极 / 消极自我概念的人，认为自己会成功 / 失败的人，他会选择营造验证自我的社会环境：（1）他会选择和成功的 / 失败的人交往；（2）他会在别人面前展示成功者 / 失败者的面貌；（3）采用能够验证自己成功 / 失败的交往策略。

对现实信息的主观歪曲：（1）选择性地注意那些成功 / 失败的事迹；（2）选择性地对事情解释，失败 / 成功的事情都能被解释为成功 / 失败的事。

具体来说，评价自己"注定会成为失败者"让自己更担心失败的发生，会让你展现出失败者的面貌。担心失败让你更可能采用退缩、回避等失败的策略，继而从这些线索中再次强化自己会失败的自我概念，即使在整件事当中有些事是成功的，但是你往往选择性地忘记这些事，反而牢牢地记住自己失败的事，并深信不疑，觉得自己的成功是侥幸，失败是正常的（而实际情况往往不是如此，而是自己的选择性歪曲）。

这种从父母和教师那里继承过来的带有主观色彩的自我评价就像一个黑洞一样具有强大的吸引力，将孩子的人生轨迹吸引到我们所评价的、所预言的方向上。所以，现在大多数的心理学理论都认为不带评判的沟通方式才是健康的。

1-4 我们为什么不会好好说话

再回过头来看看我的文章《爸爸妈妈，请好好说话》，其实我们并不是不具备好好说话的能力，我们面对朋友的时候会好好说话，面对领导的时候会好好说话，面对陌生人的时候也能好好说话，甚至在面对别人家小孩的时候常常都会好过了头，毕竟我们会考虑到家长的面子，会原谅别人家的小孩还年幼无知，可面对自己家小孩的时候，情况却完全不同了，这是为何呢？

现代社会物质条件已经越来越丰富了，我们不太担心孩子会生活在一个资源匮乏的成长环境，孩子很容易就会被美食、游戏、玩乐所包围。大人们转而开始担心对孩子不够严厉，再加上中国传统教育观的影响，比如，传统教育鼓励"头悬梁，锥刺股""棍棒底下出孝子""天将降大任于是人也……苦其心志，劳其筋骨……"，我们的文化认为"忍耐""能吃苦"是一种美德，因而总不敢对孩子施予太多。在资源匮乏的时代，我们是仅有吃苦耐劳的选择，但现在经济快速发展，教育资源越来越丰富，父母们反而无所适从，也很难拿捏好标准，陈旧的教育手段和观念已经不再适合现今时代背景下孩子成长的需求，教育理念总是滞后于经济发展的，我们先有钱了才会开始考虑有什么更好的方法教育子女，有什么方法更好地与孩子好好说话。

陈旧的教育手段有时候看上去还蛮有效的，因为父母经常选择性地忽略掉它们失效的情况，毕竟不经过思考、不必学习、无所顾忌的教育方式要轻松得多，很多父母心里可能会有这样一种下意识的思考倾向——如果它们能够有效，我也懒得浪费时间去思考它们为何有效或者可能会带来什么伤害了。因此，一些在特定教育情境之中偶尔有效的教育策略被大人们提升到教育真理的高度。比如，某位妈妈用棍子打了小孩，小孩马上停止哭泣，听从妈妈的要求，从今以后，这位妈妈可能就形成一种"打是有效的教育小孩的方式"的教育"理念"，很少去注意到它失效的时候，或者可能带来得不偿失的其他伤害。这种"迷信"自己想法的现象在生活中俯拾即是，你是否曾经迷信固定坐某个位置会提高你赢得牌局的概率？一定要穿上某件幸运衫才会让你在重大考试中取得好成绩？这种迷信的现象同样出现在了教育领域，"简单地理解"这个世界对我们具有巨大的诱惑力，这可以减轻我们头脑的认知负担，也可以让我们拥有自信，毕竟承认自己无知是一件很伤自尊的事，但事实确实如此，大多数父母持有的教育理论是模糊的、经验性的。这些经验性的模糊笼统的教育观点的标准常常是飘忽不定的，家长身处其中常常难以自察，教育标准混乱自然谈不上好好说话了。

比如，我们有时候会觉得"宰相肚里能撑船"是对的，有时候又觉得"有仇不报非君子"是对的；有时候觉得"好好学习，天天向上"是对的，有时候又觉得"人生苦短，及时行乐"是对的；有时候觉得"教育孩子就是要一个扮黑脸，一个扮白脸"，有时候又觉得"父母的教育理念要统一"；有时候觉得"礼多人不怪"，有时候又觉得"礼多必诈"。这些观念都忽略了教育的情境性，也把教育的复杂性过于简化了。总之，我们的教育理念太想当然了，想当然到根本称不上是"理念"。

更可怕的是假如我们坚信不疑的教育观念是有问题的，可能会带来更大的心理伤害。特别是一些乍看之下非常有道理的话，很可能让人视为人生戒条或教育方针。比如，有个老师这么告诉学生："我们都知道第一个登上月球的是阿姆斯特朗，但是有谁记得第二个登上月球的人是谁？不记得，因为第一名是成功，第二名就意味着默默无闻。"这句话乍看之下挺有道理，仔细一看就会发现它所倡导的观念不仅是错误的还是极其扭曲的，羽毛球亚军大满贯李宗伟不也是一代名将，名满天下吗？ 2016 年的总冠军是詹姆斯带领的骑士队，难道大家会因此不认识他伟大的对手库里带领的勇士队吗？第二名默默无闻的结论太过绝对化了，甚至只是少数情况。更何况第二名有什么不好的？李宗伟是马来西亚的拿督，库里拿着千万年薪的工资，至少他们在经济上是极其成功的。而这种类似的言论还特别有市场，例如有人还会说："世界上第一高峰是珠穆朗玛峰。那排名第二的呢？没有人记得。"更广为人知的是著名 NBA 传奇巨星科比说过："第二名是最大的输家。"

父母和老师们可能会觉得自己并没有那么极端，认为自己并没有要求孩子或者学生一定要考第一名，如果考第二名就是失败。其实你可能没有意识到你对孩子的要求只是这种极端情况的变形，你并没有要求孩子一定要考第一名，但你可能会要求孩子一定要考进年级前 20 名、前 50 名或前 100 名，不然就是失败。第一名只有 1 个，前 100 名也只有 100 个，如果是这些人才能被定义为"成功"，那么我们的家庭和学校就是个大量生产"失败者"的机器。其实问题不在于你要求什么内容，而在于你的要求是绝对化的，你对成功的定义是绝对化的。剥夺了孩子和学生的选择，强行定义他们的人生，无视孩子的个性和需求，这必然没有好好说话的可能性。

所以，我希望父母和老师可以多阅读儿童发展心理学、教育心理学等科学实证的书籍，以了解科学实证的教育教学策略和手段，也学会能够作为标准的教育理念，这是父母能够成为父母的必修课，也是教师核心竞争力之所在。我们的教育活动应该据此开展，而非全凭自己道听途说或一时兴起的念头。

我们不会好好说话的又一个原因是，控制在人类社会是非常有效的。面对孩子，我们可能倾向于采用控制的手段，而不是好好说话，我们太习惯这种方式了。想要切换电视频道，我们按遥控器就可以了，椅子坏了我们拿锤子钉子敲敲打打可以修好，员工迟到了我们就扣工资，汽车乱停乱放警察就给他开罚单，生活中有很多的控制行为是十分有益而且有效的，因此面对孩子的情绪和行为我们也时常会有忍不住想要去控制的冲动。总而言之，我们太想要控制孩子的想法和情感了，而实际情况是成人自己都无法很好地控制自己的想法、情感和行为，更何况是孩子，他们生理、心理的理性自控力都还远远不如成人。太多父母从来不知道孩子也是一个独立的灵魂，并非某一件我们可以随意处置、归属自己的物品。

我们想要控制孩子的想法和情感，还有一个很重要的原因是我们从小也被这么教育着。当你还是孩子的时候，可能你的父母会告诉你"别哭了，再不听我就打你"或"你是个男孩，哭哭啼啼的像什么样"。而且周围的这些巨人们好像都能很好地控制自己的情感和行为，爸爸妈妈看起来从来不会感到害怕，爸爸妈妈口中的"别人家的小孩"也是如此擅于控制自己。我们从小就习惯于把这种"理想的状态"看作了"正常的状态"。

这样一代又一代传承下来的成长经历，让我们更倾向于采取手段和策略控制孩子的言行，而非通过好好说话向孩子传递我们的想法和情感。实际上大多数为人父母的人也很少从他们的父母那里得到什么好好说话的经验。

再者，面对"弱小"的孩子，强大的成人们都不太需要好好说话，简单粗暴的控制行为常常是看上去十分"高效"的，挥舞我们的拳头或怒吼的效果常常是立竿见影的。而且父母们也不必担心自己不好好说话会带来什么惩罚，孩子还很"弱小"，对大人构不成什么威胁，也无法做出像样的反击，未成年的孩子在父母面前是绝对的弱势群体。在家庭之外不管多么唯唯诺诺、窝囊无能的父母，只要他们愿意，都有办法在家里变身为独裁者，他们并不需要为"独裁"而付出代价，他们的强势不仅仅是体现在体力上，更重要的是他们掌握了家里的经济大权。因为是"我的孩子"，父母理所当然地背负起教育的责任，哪怕是并不具备合格教育水平的父母。

近年来，因为工作繁忙的关系，父母可能常常疏于与子女交流，甚至直接把孩子完全交给爷爷奶奶教养。缺少时间培养情感关系也将会是亲子之间巨大的沟通障碍，缺乏情感的基础，好好说话也成了没有根基随时可能随风飘散的愿望，喊喊口号而已。缺乏深厚的情感关系，好好说话更像是为了快速达到某种目的的策略和手段，而不是要好好享受亲子相处的美好时光。我并非要强迫你放下手上的工作，把时间留给家庭和孩子，没有人能比你自己更了解自己，也没有人能够比你为自己考虑得更为周全，这更像是为你提供的一个选择，任何的选择都是可以的，任何的选择都是有得有失的，你可以选择花更多的时间在工作上，也可以选择花更多的时间与孩子在一起，只是你得为你的选择负责。

还有一个被大多数人默认了的观点（虽然十分没有道理），那就是他们认为教育是老师和学校的责任，父母只要负责照顾好孩子的身体健康就好了，这样的父母常常会向学校的老师求助称："我们也没有读多少书，平时比较忙，也不懂得教育小孩，孩子比较听老师的话，希望老师多多关照。"这句话我相信我的同事们已经听到耳朵快要长茧了。但老师们也不要急着嘲讽这些父母的无知，因为也有一些老师仅仅在教书而不管育人，只要学生能掌握知识，他们不太关心孩子的心理是否受到伤害。总而言之，这些人大多认为教育是一门高深到他们难以企及的学问。我自己也并非育儿专家，我只是一名普通的中学教师，所以这本书并不打算分享什么高深的育儿技巧。分享的大多数的"好好说话"的内容是平常大家容易忽略的，又只要稍作提醒就可以改变的沟通方式，所以我并非鼓励你成为卓越的父母或教育专家。相反地，我更多是希望你能真正成为一个普通的合格的父母或教师。你可能觉得自己已经足够普通，也应该能达到合格线。不，你很可能连合格线都达不到。至少我的生活观察告诉我，在教育情境中，本应该是普通平常的好好说话，似乎变成了一种奢求，好像这是极其优秀的专业人士才能够做到的高深学问。

因为有心理学和教师的背景，我比较热衷于和别人分享教育的知识，可常常因为担心别人给我冠上"育儿专家"或者"教育专家"的高帽而欲言又止，因为这样的评价让我感觉自己似乎要一直保持优秀，不能犯错，这顶高帽就像个紧箍咒一样让人心生不适，每念一次"育儿专家"就像是又对我念了一次咒语一样让我头疼。这也是我需要成长的部分，我也太容易被别人的评价所影响了。"己所不欲，勿施于人"，所以，我不喜欢的事情，我同样不会让其他人这么做，在此我倡议大家让好好说话变成生活中普通真实的一部分，而非刻意矫情地说话，也并非要像专家一样变得完美无缺，甚至我们不得不承认，自己有时候比小孩子还"无可救药"。

第二章

"好好说话"：你不得不知道的一些事情

2-1 "先定立场" 让我们站到孩子的对立面

20 世纪初，克里希那穆提解散了世界明星社，同时拒绝一切权威和上师的地位。他说："如果你隶属于某一个政党，你很自然就会用那个政党狭隘的、有限的观点看所有政治问题。这种观点使你无法完整地了解生命，因此造成了混乱和痛苦。"

我们每个人都有自己的成长背景，身处于传统和成见之中。因此，个人的经验、假设、态度和立场，常常也会被带入到我们和孩子的关系中来。比如，有一个学生中考成绩不错，在烦恼要选择就读哪所高中，班主任找他做思想工作，这个时候班主任可能因为学校政教的身份，出于保护学校优质生源的考虑，更倾向于建议学生上本校高中。这种先定的立场很可能让我们在与孩子深入沟通、了解足够信息之前就已经给出"政治正确"的建议了。

很多心理老师都曾碰到过这样的难题，有些入学适应困难的学生不愿意来上学，父母和学校领导会希望心理老师去对学生做劝说工作。而这样的工作常常会导致孩子强烈抵触，因为我们在去和孩子沟通之前，我们似乎就已经认定"你必须要来学校上学"，哪怕我们主观上不这么认为，孩子还是会想当然地认为你来了就是为了要劝说他回学校念书。这使得沟通还未开始之前，双方就已经站到了对立面上。当然，马上回学校虽然对孩子来说可能是最有益的，但是不来学校或者过一段时间再来学校的选项也是存在的，甚至可能还有更多的其他选择。

学校或父母会让心理老师去做这个工作，常常是因为他们认为心理老师似乎特别擅长某种神秘的"话术"，或者有什么特别的法宝能看透人的心思，不然为何学生们总更愿意向心理老师说心里话。殊不知学生更愿意向心理老师敞开心扉的首要原因就是——心理老师没有任何先定的立场，我既不站在学生这边，也不站在老师、班主任、父母那边。而当我踏出劝说孩子的那一步，我拥有的最大的法宝就已经失效了。

其实来不来学校常常不是解决问题的重点，孩子不来学校的行为背后潜藏着的没有解决的矛盾和冲突才是解决问题的重点，这是后话，这里先不展开谈。所以，有没有想过，我们只有暂时搁置这个立场，进入我们与孩子之间的这段关系，真正地了解孩子的困难和需求，才能够做到好好说话。

曾经有个家长为了向我请教一些如何教育子女的问题请我吃饭，再三推辞不掉我就去了。坐定之后，他才告知原委，原来他是希望我给他在学校因违反校纪被处分的儿子做"咨询"工作，这位家长与我谈了一会儿，突然告诉我他的儿子已经在来的路上，一会儿要和我见见面，先熟悉一下，联络一下感情。我问这位家长，孩子知道我在这里吗？家长说并不知道。我连忙起身，并告知我最好回避一下，可在这位家长一再劝阻之下没有走成，孩子也很快就到达了。孩子一进门我就看到他转瞬间阴沉下来的脸，看到我和他的父亲并排坐在一起，他选择离我最远的地方坐下。他的父亲向他介绍我的身份，并再三告诫他到了学校要找我做心理咨询。他只是坐在那里埋头吃饭，时而点头简单回应。离开的时候，孩子的父亲还热情地与我送别，让我多费心帮忙。我只能一脸苦笑，我知道这个孩子多半不会再来找我了，他肯定认为我和他父亲是"一伙"的了。当然，之后这个孩子确实从未来找过我。

再多讲一个关于家庭教育的例子，大多数学龄前的孩子在父母的眼里都是"不爱吃饭"的小孩，当孩子提出"我吃不下了""我吃饱了""我不想吃蔬菜"的时候，大多数家长想都不想就一口回绝了他们——"吃不下也得吃""才吃那么一点儿哪里会饱""不能挑食"。家长会有这样快速的反应是因为他们根本没有兴趣，更缺乏意识去了解孩子饮食的真实情况。站在他们立于不败的"政治正确"的立场上，比如，"打多少饭都要吃完""挑食是不对的""吃饭吃少了会营养不良"，只要跟他们立场不相符合的言行都是错误的。其实挑食的情况很常见，我们大人都会喜欢或讨厌某些食物，怎么小孩就不能有选择？把对事物的好恶看成是道德有问题，这样的看法本身就是很大的问题。况且现代社会真的很难会让孩子因为吃饭问题而营养不良。先定的立场，让父母早就站到孩子的对立面，餐桌成为父母和孩子攻防对垒的战场。

当我们意识到先定立场可能会让沟通双方无法好好说话的时候，我们就已经开始在放下立场。我们也将会在后续章节中就如何放下立场有详细具体的讨论。

2-2 "道德评判"常常是一种自以为是的好意

把孩子碰到的现实困扰或心理问题道德化很可能会加重孩子的心理负担，并且对改善问题没有任何帮助。比如，抑郁症患者会退缩回避，对周围的事物失去兴趣，也可能变得行动迟缓或者心情烦躁，身体容易疲惫没有精神。而有研究表明，人们对抑郁症的误解在很大程度上导致了抑郁症患者的病耻感和很低的求助率。抑郁症的病因很复杂，有可能是大脑神经递质的不平衡，也有可能是基因遗传和生活压力事件的双重影响。父母因为对抑郁症缺乏认识，而认为孩子性格不好、意志力薄弱，甚至直接对其进行道德批评，指责说："你这样子对得起你的父母吗？""我看你就是没有吃过苦，太闲了。""你要多考虑其他人，不要这么自私懒惰。"这将会加重孩子的病耻感而增加更多不必要的心理负担，不仅使孩子因为怕丢人而不敢主动寻求专业帮助，还会使问题进一步恶化。

即使只是一般的现实问题而非抑郁症或其他严重心理问题，过分的道德评判也会增加孩子的心理负担。我们再来讨论前面提到的例子，老师在为烦恼选择哪所高中就读的学生做思想工作，如果这个老师的回答是："当然是考我们本校好，学校的管理教学风格熟悉，离家里也近，身边熟悉的同学也比较多，到哪念书不都一样，差别不大，关键靠自己。"当老师这么回答的时候，我们可能会认为他带着先定的立场做了绝对的判断，但至少他是出于好意，虽然可能是自以为是的好意。

当这个老师的回答是："学校给你们提供这么好的环境，老师用心教导你们这么多年，你在做选择的时候也要为学校和老师们考虑。不要辜负了学校对你们的栽培。"这样的回答就在暗示学生，你要是选择其他学校那就是忘恩负义，给中考填报志愿选择学校贴上了道德标签。这必然会加重学生的心理负担，试想，如果他的真实想法是要考到其他学校，可这是"不道德"的呀，可想而知，这个学生的心理冲突会是多么剧烈。如此带有伤害性的言语肯定算不上是好好说话了。

同理，当我们对入学适应困难的学生说："你不来上学会跟不上进度，你不上学以后连工作都找不到。"这个时候我们还只是带着先定的立场和自以为是的"好意"在劝说学生。如果我们对入学适应困难的学生说："你这样做对得起养育你长大的父母吗？男孩子要坚强勇敢一点，上个学能有多大困难！"这个时候，你已经在给学生贴上道德标签，在告诉学生：你是不孝的，你是懦弱的。

现实生活中捆绑着"先定立场"和"道德标签"的言语伤害比前面我所阐述的情况更加具有破坏力，因为它们常常被我们非常娴熟地糅合在一起，"先定立场"加上"道德标签"对孩子进行不断攻击。比如，面对前述的入学适应困难的学生，家长和老师更常见的说法是："你不来上学会跟不上进度的，上个学有多困难？男孩子要坚强勇敢一点。你不上学以后连工作都找不到，难道你要啃老一辈子吗？你对得起养育你长大的父母吗？"你看，我们很轻松地就把"先定立场"和"道德标签"配合着使用，丝毫不给孩子喘息的空间。

阅读到这里，我想邀请各位家长、老师们反思一下自己的过往，是否对教育问题过分道德敏感，时常动不动就把它上升到道德问题的高度。如果你认同我的观点并开始有所觉察，那么你可以关注后续第三章，我们将会对此问题有进一步的讨论。

2-3 动之以情比晓之以理管用

韩寒导演的电影《后会无期》里面有一句话让我颇为感慨，他说："从小听了很多大道理，可依旧过不好这一生。"父母和老师在教育孩子的过程中常常发现，不管讲了多少大道理，下次他还是很可能犯同样的错误。

其实改变一个人的态度，不但要提高他的认知，更重要的是还要影响他的情感。心理学的理论告诉我们，态度包括认知成分、情感成分和行为倾向。而影响态度的核心成分是情感而非认知，所以大道理（认知）有时不是改变态度的关键，我们和孩子的情感关系才是我们最应该关注的。

弗吉尼亚大学心理学家乔纳森·海特在他的作品《象与骑象人》中使用了非常生动的比喻。我们的情感像一头大象，理智就像是骑象人。骑象人懂很多道理，知道前进的方向在哪里，他手握缰绳和大象一起前往目的地。但大象有时候并没有那么听话，"当骑象人和大象意见相左的时候，骑象人根本不是大象的对手，他注定会落败，毫无还手之力"。

理性是正确的，但是力量弱小；情感是任性的，然而力量强大。明知道再睡就要迟到了（理性），但还是忍不住多睡一会儿（情感）；明知道冲着孩子发脾气不好（理性），但还是脱口而出说了不该说的话（情感）；明知道要上台发言是很好的锻炼（理性），但还是忍不住害怕乃至拒绝（情感）。

当你希望孩子能够做出改变时，记得情感（而非道理）往往是孩子改变得以实现的重要因素，此时晓之以理不如动之以情。很多事例都表明建立和谐的情感联系才能真正帮助孩子。中国有句古话叫"亲其师，而信其道"，教过几年书的老师会发现，学生会因为喜欢一个老师而喜欢上一门课，也会因为讨厌一个老师而讨厌上一门课。学好功课是我们自己的事情，不能因为老师的原因而不认真学习，这个道理学生肯定都懂，但常常就是做不到。即使是心理咨询工作，最重要的也不是技术和方法，而是"咨访关系"。近年来的心理学研究发现，心理咨询成功的原因 70% 靠的是咨访之间的情感关系，30% 靠的是其他（技术、环境、匹配等）。所以转变孩子的态度，不管是心理咨询还是学校和家庭教育，都应该是情感先行，再来改变认知（道理）。

所以，好好说话就不要满口大道理。一来孩子大部分都懂，再者影响微小。教育问题的首要诉求总是希望能够改变学生的思想和行为，然而大多数成功的案例反而是从诉诸学生的情感面着手，而更有利于施教。

2-4 负面情绪一定是不好的吗？

咨询室的许多来访者向我提出的困扰是："怎么克制自己的情绪？""要怎么让自己不会再有情绪波动？""怎么才能不那么爱哭？"……甚至有些同学会希望达到"喜怒不形于色"的水平，这样的要求是极其常见的，几乎都成了来访者固定的开场白了。他们之所以会有克制情绪、摒弃情绪的要求，是因为他们认定情绪是不好的。你可能会有很大的疑惑，难道情绪不是不好的吗？我的回答是，不全然是，甚至大多数情况并不是。

回答这个问题并不太难，翻开任意一本普通心理学的书都会提及"情绪和情感的作用"这个话题。我们会进化成有丰富细腻情绪情感的人而非像斯波克（《星际迷航》里的人物）和谢尔顿（《生活大爆炸》里的主角）那样绝对理性的人，是因为情绪情感对于我们的生存是有意义的。

情绪对于我们更好地适应环境起着重要的作用。还不会说话的婴儿会用哭的方式来提醒大人他的身体不舒服了或者肚子饿了，会哭的孩子有奶吃，从心理学上来解释是没错的。长大之后，情绪给我们带来了更多的帮助，愉悦、快乐的情绪帮我们寻找到了我们喜欢的朋友至交、兴趣爱好和生活方式，焦虑和紧张让我们警觉困难的存在，提醒我们要进行调整以化解困难。

考试前，特别是重大的考试前，担心考试考不好的焦虑情绪会让很多学生坐立难安，但恰恰就是这讨厌的焦虑促使他们更加用心地准备考试，丝毫不敢懈怠，这里的焦虑更像是一种动力，使他们更可能取得良好的成绩。

如果你在川流不息的马路上丝毫不感到担心、害怕，闲庭信步地闯过一个又一个的红灯，而又能活到现在，我只能说你命大，但我相信更多的时候这一种人会因为感觉不到害怕、恐惧而丢失了性命。可见害怕、恐惧等负面情绪对我们生存是必不可少的警示信号。

但在现代社会，这种负面情绪有时候又真真切切地给我们带来了一些麻烦。比如，公开演讲时的紧张情绪，可能让我们讲话变得支支吾吾、手脚发抖，甚至都不敢站上台。心理学上把这种反应称作是"战斗—逃跑反应"，公开演讲让我们感觉身临险境，就像在万年以前我们的祖先被暴露在空旷的草原，担心自己会处在面临野兽袭击的险境之中，因而我们的身体也会做出准备和野兽战斗或逃跑的反应。不管是战斗还是逃跑，这个时候你最需要的是能量。这个时候你的肾上腺开始活跃，分泌肾上腺素和去甲肾上腺素，心跳开始加快以输送更多的氧气，瞳孔放大以接受更多的光线，肌肉开始紧绷随时准备战斗或逃跑，你看这一切的反应是不是和公开演讲时候的反应十分类似？虽然你意识上明知道这是一场演讲而非生死搏斗，完全不必要如此紧张，但是人类文明只有几千年的时间却有上百万年长远的过去，几千年的进化并不足以让你具备分辨这两种危险的能力，远古的大脑部分很容易就控制了你。

情绪毫无疑问给我们带来了许多帮助，但它并不是完美的，确实有时候也给我们带来了一些困扰。我们也不会因为不完美而完全否定它的存在，就好比，我们不会因为指甲会一直长长且容易藏污纳垢，而把手指头全砍掉。更何况你真的能够彻底抛弃情绪吗？手指头可以砍掉，情绪可砍不掉。不信我们再来看看当你试图用克制、摒弃的方式来砍掉情绪会是怎样的情况。例如，你可以试着做一个实验，现在我让你按照我的要求去做：不要想一头粉红色的大象，你不要想一头粉红色的大象，你千万不要想一头粉红色的大象。我相信你会发现，当我让你不要这么做时，你反而更容易想到一头粉红色的大象。如果你试图克制或者转移注意力，反而想到了蓝色的、绿色的大象或其他动物，总之你的思绪仍然受到干扰。克制情绪也是类似的原理，当我们努力要克制某种情绪的时候，我们反而在脑海中不断地提醒自己这种情绪的存在，原本会自然消退的情绪反而在我们多次提醒之后久久难以消逝，甚至愈演愈烈。这种试图摆脱的行为在外部世界是行之有效的，离开一个地方、扔掉一件衣服、剪掉头发甚至截断肢体，但这种方式在人类的内部世界却行不通，因为情绪本来就是你的一部分，哪儿也去不了。

面对情绪，"我们提倡的方式是尝试辨识各种情绪背后的正向含义，我们相信在每种特定情绪的背后，都可以反映我们正向的人格特质或是问题的正面价值"。比如，如果你感到内疚、自责，这反映了你是一个有责任感的人，同时也促使你做出利于他人的适应社会的行为；如果你感到焦虑，说明你有认清现实困扰的思考能力，也有解决问题的行为倾向。

当情绪确实对我们造成一些困扰的时候，前面的讨论已经说明，采取对抗的方式可能适得其反。我们更提倡的方式是：允许情绪的存在，接纳它的存在，知道它的存在，甚至谢谢它的提醒，然后继续专注于你想要做的有价值的事情，等待时间让情绪自己慢慢离开。比如，公开演讲让你感到紧张焦虑时，你可以告诉自己，噢，我感觉到焦虑，知道焦虑的存在，谢谢你的提醒，让我知道我特别想把这件事情做好，然后就继续做你想做的事情就好了。

　　说了这么多有关情绪的话题，似乎跟"好好说话"没什么关系，其实并非如此。成人和孩子都是人，我们既然明白要允许人情绪的存在，当然也要允许成人和孩子情绪存在的情况。允许情绪的发生，并接纳它的存在，才有了"好好说话"的可能性。比如，我们在孩子闹脾气的时候，认为孩子闹脾气是不可理喻的，必须要让这百害而无一利的情绪立刻消失，那么我们就会耗费更多的精力在"扑灭"孩子的情绪上，正如前面所言，这情绪之火只会越烧越旺，让你精力耗竭，很难再留有足够的精力"好好说话"。

2-5 看见基因的力量，尊重和接纳孩子的天性

有了小孩之后，我对"性格"这个话题极其感兴趣，因为我觉得造物主真是太神奇了！我的小孩和我几乎一模一样，拿我小时候的照片和他现在的照片一对比几无差别，不仅仅是外貌，就连性格都像极了。也许这当中夹杂着一个当父亲的自恋，不过我暂时还没有发现自己有自恋心理。

但其实我们并没有刻意把孩子培养成我这样的性格，甚至我老婆对于我安静内敛、喜欢宅在家里、很少社交的性格很不喜欢，觉得孩子如果是这样的性格适应社会会很困难，还刻意地朝着与此相反的方向培养。可孩子渐渐长大之后，性格还是和我高度相似。难道性格会受先天遗传的影响吗？

我的小孩和我侄子两个人真是冰火两重天，一个是内向敏感，一个却是外向活泼。我的小孩对外界的刺激比较敏感，而我的侄子则完全相反，记得侄子小的时候喜欢吮吸拇指，把拇指上的整块皮都咬掉了还照吸不误，最后是在他拇指上涂了一种很苦的药，他才改掉了吮吸手指的习惯。我还记得长大一些之后，有一次他开门的时候不小心把脚趾头给磕了，整块脚趾甲被掀了起来，瞬间放声大哭，也就哭那么一下，下一秒旋即该干吗干吗去了，你说他的耐受性有多强。而我的小孩则可能会因为脚趾头轻微的破皮，小心翼翼地缓慢行走。

因此我对遗传对性格的影响产生了浓厚的兴趣，这种浓厚的兴趣在我自己当了父亲之后达到了顶峰，因为我发现我的小孩几乎和我一模一样。我能理解他大多数的害羞表现，我仿佛看到了小时候的自己站在我眼前，这是一种很奇妙的体验。特别是在其他小朋友的强烈对比之下，我不用再进一步查证相关的心理学研究，都能非常确信遗传对性格的影响是多么巨大。

早在 20 世纪 80 年代，心理学家鲍查德和莱肯在美国明尼阿波利斯的明尼苏达大学完成了一项关于基因在决定人心理品质中所起作用的大小的实验研究，他们找来了 56 对双胞胎，对他们进行了心理测验和生理测量。他们找来的这些双胞胎中有一些是同卵双胞胎，有一些是异卵双胞胎。同卵双胞胎遗传结构是完全一样的，可以说他们从遗传得到的影响是完全相同的，异卵双胞胎则不然。而且这些同卵双胞胎还具备另外一个特点，就是他们因为各种原因小时候是分开生活的，成长环境也不同，成年之后才相聚。研究结果发现：具有完全相同的遗传特质的人（同卵双胞胎），即便分开抚养且生活条件大相径庭，他们长大成人以后不仅在外表上极为相似，而且其基本心理和人格也是惊人地一致……鲍查德和莱肯将他们的发现表述如下："个体差异中的重要部分都与遗传有关。这一事实今后不应再成为争论的焦点，现在是该考虑它的意义的时候了。"换句话说，先天遗传基因对性格的形成可能比后天成长环境起到更大的影响作用，甚至是决定性的作用。而近年来的心理学研究也是类似的结论，父母教养对孩子成长的影响常常被夸大了，《耶鲁大学公开课：心理学导论》第 13 课关于人与人的差异，给出了结论："几乎所有的心理品质都较大程度受到遗传的影响，包括 IQ、性格、幸福感、性取向等等，人与人的差异很大程度上是由于基因的不同。"

这些实验研究都是早在 20 年前就得出了结论，可时至今日中国绝大多数的教师、家长对此还一无所知，甚至持相反意见，没有多少人会想到或相信基因对人的心理品质形成起到至关重要的作用。对于这样的结论可能很多父母和教师情感上是无法接受的，我当然也不会全然相信，因为科学只是我们认识这个世界的一种方式，科学也常常被后来人证明是错误的，甚至被完全推翻，特别是近来心理学界对一些经典的心理学实验的可重复性进行验证的时候，发现许多心理学实验的结果并无法在同样的条件之下重复出现，这更是在提醒我们对科学的结论也要常常抱有怀疑的精神。

但我个人经验和对心理学知识的学习和理解让我更倾向于相信基因对人心理品质的决定性作用。所以，这里我也提醒大家对市面上流行的早教方案或经验之谈要抱着作为参考的姿态来借鉴（包括我写的这本书），不能全然迷信，因为这些火热的早教书可能是幸存者效应，甚至很可能是商业运作的结果。

我的 QQ 和微信网名分别是 Jemero Kangan 和 Philip Zimbardo。这两个人的名字几乎可以跟"害羞"的研究完全等同起来。我从他们那里获得了一些有益的信息，同时我决定用他们的名字来命名我的昵称，借此来提醒自己牢记这些科学信念。从他们身上我了解到害羞是会遗传的。

的确是有人天生比其他人容易害羞，或者说与他人相比，他们更容易害羞。"确实有 20%~30% 的婴儿一生下来，由于脑内带有的一些化学物质，导致他们比其他婴儿更容易成为害羞的人。"所以如果你的孩子是个容易害羞的敏感宝宝，我们在早期其实就可以发现相应的症状。"通过长期追踪研究，大约一半的高度敏感的婴儿在进入青春期后变得极为腼腆。"

最令人遗憾的是我们所处的社会常常更偏爱外向者，外向的人得到更多认可和奖励，这个社会让高度敏感者认为自己不如其他人那么有才华，而且其他人好像也都那么认为。说得有些偏离主题，似乎有些在为内向者打抱不平的意思。总之，我想表达的意思是，先天遗传基因切切实实深刻影响着我们后天性格形成的倾向性。

　　当然，这并不意味着我们不需要再重视对孩子的教育，毕竟后天环境对孩子还有可能高达50%的影响，后天教育仍然十分重要。我只是想提醒大家，在这个万般皆下品、唯有"成功"高的现代，知道先天遗传对人心理品质形成的巨大影响，我们可能就会更倾向于接受和尊重孩子的天性，对造物主心存敬畏，而不是硬要孩子成长为我们理想中的样子或者认为我们的教育是万能的，也更能辨别在生活当中哪些是违背人性地倡导"成功"的心灵毒鸡汤。这让我想起一个关于"成功学"的笑话。黄鼠狼在鸡窝边的悬崖上，立了牌子写道：不振翅高飞，你就永远不知道自己是只雄鹰！然后黄鼠狼天天在悬崖下捡摔死的鸡吃。

2-6　情境的力量可能大于自我控制的力量

"人之初，性本善还是性本恶？"关于人性是善是恶已经是千百年来被人们反复讨论过的话题了。不管认为"人之初，性本善"，还是认为"人之初，性本恶"，我们总有办法拿出许多说得通且听上去挺有道理的说法。其实人性既非善亦非恶，人性即是人性。只有当人置身于某个环境之中，才可能被赋予善或者恶的评价。刚生下来没多久的小孩可能会随意地撕扯或扔砸手边的玩具、书本或其他东西，是不是因此就可以评价说小孩天生有破坏的恶呢？但如果把这个小孩置身于一个游乐场之中，他仍然做出了撕扯、扔砸游乐场里面安全无毒的游乐道具，我们可能就会评价说这个小孩好有活力。在古代，男人可以娶三妻四妾，可在现代社会这不仅不道德，还是违法的行为，只不过在现代某些国家被视为是合法。当我们把某个人置身于不同的时空之中，他可能会表现出人性的不同面向，而非一个恶人在所有时间和空间里一直是恶人，一个善人在所有时间和空间里一直都是善人。同理，一个"懦弱"的小孩并不总是在所有时空里都是"懦弱"的，一个"无礼"的学生并不总是在所有时空里都是"无礼"的。所以我们可能需要用更系统的眼光来看待一个人。

我老婆和大多数女人一样非常害怕老鼠和蟑螂，每次碰到都会惊声尖叫并四处逃窜，显得非常"胆小"。但是只要儿子在旁边，她又会变得"勇敢"起来，甚至敢踩死蟑螂。你要评价她勇敢还是胆小呢？脱离环境的绝对论断，不管做何评价似乎都不那么准确。

男孩子在打架的时候常常会咬牙切齿，张牙舞爪，决不服输，但是回头一看到爸妈出现，立马像个受了天大委屈的小姑娘一样放声大哭起来，是什么让他变得坚硬，又是什么让他变得柔软？

当我们用单一的评价性的语言去描述孩子或者学生的时候，通常我们就窄化了对他们的认识，就好像他们从来没有，以后也绝对不会展现出不同的一面似的。比如，我们对孩子说"你这么内向，以后怎么适应社会"，就好像他从来没展现过外向的一面，以后也必然不会，而且认为这将导致未来人生失败的判断也过于武断了吧。

再者，每一个人就像一个宇宙一样复杂。菲利普•津巴多的《路西法效应》这本书描述了坏蛋是怎么炼成的，如果你看过，你就会明白一个人之所以会有某种行为，是在某种情境之中各种因素综合影响的结果。

应该不少人都会听说过一个非常著名的心理效应——破窗效应。这个心理效应来源于菲利普•津巴多进行的一项心理实验，他把一辆汽车放在一个主要是中产阶级居住的小区，结果放了一个礼拜都无人理睬。于是，他用锤子把车子的窗户给敲破了，结果仅仅过了几个小时，那辆车就不见了。

破窗效应在生活中还蛮常见的，学校里如果教室地板很干净，大家都会把垃圾丢到垃圾桶，但当教室里的地板上有许多垃圾的时候，大家就会开始随处乱扔垃圾。在这里，我们可以看到的是：干净的情境让人变得善良（讲卫生），肮脏的情境让人变得丑恶（不讲卫生），"情境的力量甚至可能大于个人的人格特质与自我控制力"。

我们无法做到将人脱离了环境单纯讨论人本身，无论人出现在哪里，做出怎样的行为，他都是置身于某个情境之中。但现实生活中，我们更喜欢脱离一个人所处的背景，然后对其评头论足。"×××脑袋不那么灵光。""×××性格懦弱。""×××太依赖别人。""×××非常骄傲自满。"就好像他们做出"愚笨""懦弱""依赖""骄傲"的行为完全是他们的本性造成的。

当我们意识到评价一个人在窄化对一个人的认识时，意识到忽视情境的力量让我们过多地将责任归咎于孩子的某种难以名状的特质或性格时，我们可能就会开始越来越少地评价孩子，越来越少地给他们贴上各种各样的标签，也会更倾向于去创造一个更能激发孩子适应社会的那部分性格的环境，而非仅仅只是教训他本人而已。

第三章

教你怎样合理"发脾气"

3-1　我们都受困于我们的主观性

我并非怂恿你琢磨怎么冲着孩子发脾气或让孩子乖乖就范，这里我偷换了概念。我并非真的要教你怎么发脾气，因为在平时的口头交流中，我们基本上把"发脾气"和"表达生气"等同起来。但在本章节接下来的内容中，我们是把这两者区分开来的。在这里我所说的"发脾气"指的是向孩子传达夹杂着我们主观杂质的情绪，这个时候我们更关心自己的情绪是否得到宣泄。而"表达生气"则是向孩子传达你洁净的情绪，我们更关心的是孩子能否感受到你的情绪。

情景 1：李宏的爸爸晚上下班，带着一身疲惫回到家，看到李宏还在玩电脑，无名火起，冲着他大发雷霆："现在都几点了，你还玩电脑，你作业做完了没？晚自习就要到时间了，还不赶紧去吃饭。"

情景 2：上课的时候，趁老师写板书，后排的小江用纸团扔中小明的头，结果正巧被老师看到，老师非常生气："小江你干什么！也太不尊重人了！你当老师不存在啊！"小江很委屈地说："不是，我是有原因的。"老师一想起他平时就老喜欢捣蛋，更加恼火："我都看见你扔了，还敢狡辩，给我去后面罚站！"

情景 3：刚下过雨，3 岁的豆豆蹲在家门口的泥水坑旁玩泥巴，豆豆把泥巴抓在手上把玩着，把衣服和裤子都弄得脏兮兮的。妈妈出来看到了，非常生气说："你这臭小子，你知道妈妈洗衣服多辛苦吗？不许玩了，马上给我进去洗手，不许再出门了！"

以上列举的是一些常见的爸爸妈妈发脾气的情景，你很可能看到过，或者曾经亲身经历过，总之，这些情况都挺普遍的。我们把这三个情景放一边不谈，我想先告诉大家一个观点：人类都受困于自己的主观性。

有一天早上，我送儿子去幼儿园，路上碰到一辆行驶缓慢的车。眼看着快迟到了，我心里很着急，心想这是哪个新手上路开这么慢，还是在找路？找路也靠边一点开，让后面的车先过去啊！窄窄的道路也毫无缝隙可以超车，我有点生气地按了几下喇叭，结果前方车辆依然无动于衷地保持龟速前行，这下我更恼火了，是不是在看手机？真是没公德心！心里已经开始咒骂起来，但也没有办法，只能在后面紧随着。直到前面的路段有点小拐弯，才猛然发现这辆车前面还有两辆车挡住了它的去路，只是这两辆车子比较小被它给挡住了，我跟在后面根本看不到。我发现自己冤枉了前车司机，他既不是新手也不是在找路，更没有在看手机，他同样是路被挡住了。知道这一点，我心中反而释然了，觉得自己刚刚的愤怒真是好笑又莫名其妙，如果早知道这一点，我可能只是焦急，但至少不会那么生气。

人类都受困于自己的主观性，常常把主观想法当成事实。后来我仔细一想，类似的事情并不是第一次发生在我身上。

在我16岁生日的时候，我请了几个非常要好的同学（到现在都是我生命中非常重要的朋友）来家中做客，那是还没有手机的年代，家人忙活了一个晚上准备了丰盛的晚餐招待客人，可是时间到了他们还没有出现。我有点着急，心里想，怎么能那么不准时，这可是我重要的生日啊（闽南地区的16岁生日相当于是成人仪式）。时间又过去了20分钟，我心情越来越糟糕，难道他们把我的生日给忘了？还是他们根本都不当我是朋友？这又让我想起前不久刚刚和他们其中一个吵过架，是不是他跟其他人说了我什么坏话？他怎么能这样卑鄙！半个多小时过去了，我心情糟糕透顶，既委屈又生气地冲我家人喊道："我再也不当他们是朋友了！"

结果话刚落音，他们就出现在门口，手上还带着东西，原来他们买礼物去了。我的愤怒瞬间转化为愧疚，觉得自己想太多，冤枉他们了。我本该只需要生气他们迟到的部分，但是我承受了更多自我折磨的愤怒情绪。而这种主观性渗透于我们生命的每一个角落。

这种情况在家长和老师身上更是常见，因为相对于孩子，我们显得那么强大，那么理性，那么全知全能，我们在孩子面前总有一种智商和阅历上的优越感，太相信自己的想法、判断以至于都不曾怀疑它们是否属实。

我想和大家再讲一个故事。

美国著名的主持人林克莱特在一期节目上访问了一位小朋友，问他："你长大了想当什么呀？"小朋友天真地回答："我要当飞机驾驶员！"林克莱特接着说："如果有一天你的飞机飞到太平洋上空时，飞机所有的引擎都熄火了，你会怎么办？"小朋友想了想："我先告诉飞机上所有的人绑好安全带，然后我系上降落伞，先跳下去。"

当现场的观众笑得东倒西歪时，林克莱特继续注视着孩子。

看到这里，我从心底油然产生了对主持人林克莱特的敬佩之情，佩服他的与众不同之处，他能够让孩子把话说完，并且在现场的观众笑得东倒西歪时，仍保持着倾听者应具备的一份亲切、平和、耐心。

没想到，孩子热泪夺眶而出。于是林克莱特问他："为什么要这么做？"孩子回答说："我要去拿燃料，我还要回来！"（故事来源于网络）

大人以为小孩子是只顾自己跳伞逃生去了，毕竟他只是小孩，大人们也为他的"小聪明"而忍俊不禁，但是没想到小孩是很认真地想救人，因为他以为降落伞可以在空中飞，既然可以飞到地面，那么也可以再飞回到飞机上，认知水平和社会经验的不同决定了大人小孩理解的世界更是大不相同的。"我们总是对这个世界有自己的解释，并且根据这些解释而不是事实本身去做出情绪反应。"

现在我们再来看看开头三个家长和老师发脾气的情景，大家可以试着问问自己，除了大人们认定的"事实"情况之外，还有存在其他情况的可能吗？我们来做一个练习，在往下继续看之前，你先试着给它们补充一个可能存在的不同的情况。

情景1：因为今天是周五，下午第三节不上课，学校想方便路途遥远的学生早一点回家，李宏因为家住得近，回来已早早吃过晚饭，游戏也快打完了，他本来已经计划好打完游戏马上开始写作业的。李宏的爸爸甚至都不知道今天已经是周五了，他的脾气破坏了李宏愉快的周末和主动学习的兴致。

情景2：事情其实是小明先用纸团扔了小江。虽然小江也确实有错，但老师主观地认为小江是在狡辩、撒谎，连原因都不想听，也许规范了课堂的秩序，但同时又失去了师生之间彼此的信任。

情景3：在妈妈骂完豆豆之后，豆豆回过头来望着妈妈说："妈妈，你鞋子都破了，我用泥巴捏了一双新鞋子给你。"其实衣服裤子弄脏了，对孩子有什么伤害吗？我们制止孩子恐怕更多是在为自己考虑，因为洗衣服对我们而言是一件麻烦事。

所以，下次自己再准备冲着孩子大发雷霆的时候，记得问问自己，我的想法是事实吗？事情有没有其他可能性？如果你能意识到这一点，我相信你一定有办法做到和孩子好好说话。例如，李宏的爸爸可以用缓和的语气问问他："在看什么电视呢？""吃过饭了吗？"这些问题都可以让我们确认更多的事实，不至于迷失在自己的主观感受之中。但可惜的是，我们常常都是发完脾气才开始后悔，当我们发脾气的时候根本都想不起来要去控制它。

练习：审视自己的主观性

回想一件因为孩子"犯错"了，你对孩子发脾气的事，通过下面这个练习，重新审视一下自己是否陷入了自己的主观性。

范例：

孩子让人生气的事情：下班回来看到孩子在看电视。

因为我认为：他整天想着玩，没认真在学习。

存在可能的其他解释：他已经完成作业了。

孩子让人生气的事情：

因为我认为：

存在可能的其他解释：

3-2 你是"灾难预言家"吗？

你可以试着觉察一下，当你作为老师或家长身处情景 2 和情景 3 的时候，你是否有存在夸大孩子言行后果严重性的自动化想法呢？先试着想象当时的情景，再接着往下看。情景 2 的老师可能会冒出"再这样下去，我课都不用上了""其他学生也会跟着模仿""这次当面顶撞我，下次是不是要动手了"等自动化夸大后果的想法，事实上后果极可能没我们想象的那么严重。专职心理工作之后，我从未这么粗暴地喝止学生，我的课还是照常上了这么多年。情景 3 的妈妈可能会冒出"要是把泥巴吃到嘴巴里面会中毒的""这件衣服我又要洗好久，我整天都要为这家伙操心"等自动化夸大后果的想法，这位妈妈自己也知道"把泥巴吃到嘴巴里"是假设，也就是孩子并没有真的把泥巴吃到嘴巴里，而且泥巴吃到嘴巴里也不至于会中毒，她也只要洗好这一套脏衣服就可以了，并不需要花上整天的时间。夸大后果的严重性只会让我们的脾气更加难以控制。

我发现有一类家长和老师拥有一项特殊技能——预言灾难，他们有办法预言未来的日子里将在孩子身上发生不好的事情。我是从学生身上知道这一点的，咨询室有相当一部分学生来访者为学习的事情而感到痛苦不堪，但他们并不是为具体的某学科的学习问题而烦恼，而是在为未来还没有发生的事情感到焦虑。他们可能成绩非常好也可能成绩非常糟，但他们焦虑的思路都是相似的："我考试没考好，我高考也很可能考不好，高考考不好我将上不了好的大学，上不了好的大学我将找不到好的工作，找不到好的工作我将买不起房、买不起车，我将没法拥有一个幸福的家庭，我的人生将会毁掉。"或者这样想："我考试考得不错，可是我整天担心会退步，因为我知道自己已经非常努力在学习才勉强维持好成绩，高考考不好我就上不了好的大学……我的人生将会毁掉。"我们发现两点有趣的事实是：第一，不管成绩好还是成绩差，他们都十分担心自己的人生将会被毁掉。第二，我们把中间的推断过程省略掉后，把他们的想法提炼一下，这个推断过程将会变成："我考试没考好，我的人生将会被毁掉"和"我考试考好了，我的人生将会被毁掉"。我把这个现象称为有趣，是因为这样的逻辑十分荒谬，但是学生却很难摆脱它。我们很容易就可以在这些学生的背后找到和他们同样焦虑的老师或者父母，他们时常向孩子预言着灾难即将来临："现在如果不上大学还有什么用？""考不上大学将影响你的一生。""现实就是这么残酷。"不管灾难预言的推理过程是否有因果逻辑关系、灾难发生的实际可能性有多高（难以验证，总有办法找出符合假设的事例，也能找到一大堆反例），只要我们提到了，仿佛结果只有两个可能性："人生被毁掉"和"人生没被毁掉"，两个可能性各占 50%。

小孩预言灾难的"本领"是从他身边无处不在的灾难预言家们身上学来的。比如："不要把脚放在椅子上，不然以后会变成驼背的。""看电视不要太近，眼睛会瞎掉。""不吃饭长不高，你以后都找不到老婆。""书都读不好，你以后还能干好什么工作？"现代的家长和老师们很擅长把这种具有轻微因果关系的事情夸大到好像将会对孩子未来人生起到决定性的作用（其实对孩子未来人生的影响力可能微乎其微）。孩子如果认同，他会因为感到恐惧而消除不良行为；孩子如果不认同，他会坚持自己的不良行为来证明大人的错误预言。哪怕孩子因为恐惧而消除了不良行为，我们还要衡量一下这种"杀敌一千自损八百"的做法是否"划算"，不良行为是消失了，孩子却变得焦虑和恐惧，我们可能只是用一个更大的伤害去消除一个更小的伤害，用一个长远的损失来换取短期的获利而已。

有的大人是想用预言灾难来恐吓孩子，让孩子感到害怕而产生符合大人期望的言行，可别忘了，恐吓除了可能给人带来恐惧，也可能带来反抗。咨询室里有一类心中充满复仇欲火的来访者，他们有着类似的经历，我也很惊讶为什么时至今日孩子们还在校园里受到如此的教育对待，他们经历的共同点就是他们都曾经从老师那里得到这样的预言——"就凭你，是考不上重点高中的！"他们带着不服气，带着要证明给老师看的心态考上了我们学校，可这并没有让他们感到快乐，因为他们在中考之后，时隔多日，提起这个事情仍然咬牙切齿，声泪俱下。他们只要在生活学习中稍有不顺心，就会想起老师对他们的灾难预言，就开始怀疑自己所取得暂时些微的成就只是虚幻卑微的假象，自己的人生根本就不可能取得真正的成功。不管如何，他们毕竟是考上了重点高中，也许是当年老师的"激将法"起了作用，也许不是，很难确定这样的做法是否对孩子考出好成绩有帮助，但可以确定的是这给他们带来了相当多且相当久的痛苦。

我们总担心未来会发生不好的事情，这可能跟我们所身处的时代有关，现代社会经济文化快速发展，离不开人民群众的努力奋斗，同时，我们的身边也时常弥散着一种焦虑感，不管是企业白领还是建筑工人，不管身处北上广深还是边远小乡镇，任何阶层的大部分人们都弥漫着焦虑的气息，这种焦虑常常是对未来不确定性的担忧和悲观的推测。

这也很可能跟我们所身处的文化有关，东方文化更保守也更谨慎，对危险的信息更敏感。灾难预言不仅是我们这个时代的人的擅长，我们从很小就听着大人们各种灾难的预言长大。如果你和我年纪相仿，虽然你我彼此不认识，但是我们很可能拥有共同的时代记忆。在我小时候，大人们常常说："小汉偷拿针，大汉偷扛杉。"（闽南话）"你看这孩子现在就穿喇叭裤，长大后是要当流氓啊。""你看这孩子头发染一撮金毛，这是要被抓去劳改啊。"现代人只是素质更高，不再像以前会提出荒谬可笑的预言，但本质上并没有区别，现代的灾难预言仍旧荒谬，只是不那么可笑而已。

这种灾难预言在现代不仅是以口耳相传的方式传播，信息时代这种荒谬的言论很容易在网络空间呈爆炸式的几何增长。之前在朋友圈有一篇被大量转发的"深度好文"——《今天不允许"打"孩子，明天整个民族就会被人"打"！》。这类文章常常是用伪科学的言论、狡黠的推理和辞藻做包装，起一些危言耸听的标题来吸引人的眼球，这是一个社会群体共同预言灾难的高潮，更像是社会群体焦虑情绪的集中宣泄，其实这篇文章通篇看下来内容空虚、夸大其词、逻辑荒谬，但却在朋友圈得到疯狂转发，这让我更有认真写完本书的动力，希望大家在这个焦虑情绪井喷的年代能够回归教育的本真。

再回到上一节当中提到的三个情景，有人可能还心存疑虑，虽然我们要警惕自己陷入主观性之中，但是假设我们的判断是客观正确的呢？那很好，我们客观地了解了在孩子身上发生了什么事，那么接下来就要避免让自己成为一个小题大做、将微小细节编造成重大事故的灾难预言家。在这个时刻，问自己一个问题将会有助于觉察这一点："孩子真的犯错了，那么后果有多严重？"认真审视一下当下的损失，而非臆断未来可能发生的一切。仔细一琢磨，情景 1 中的李宏也就损失了一段下午放学的时间，情景 2 中的小江上课的打闹也就打断了 1 分钟的上课时间，情景 3 中的小孩也就弄脏了一件衣服和身体。看，仅此而已，那些灾难只是来源于我们焦虑的想象并非真实。

预言灾难的自我觉察练习

孩子惹我们生气的情景：孩子没有把饭吃完。

预言的灾难：个子长不高，这么小就不听话，长大还得了。

情绪：暴怒

实际的损失：几口饭没吃完

情绪：平静

3-3　绝对不冲着孩子发脾气

我的教育原则当中有一条就是：绝对不冲着孩子发脾气。不管我多么多么生气，哪怕我没有任何方法来化解我的消极情绪，我都不要冲着孩子发脾气，就是绝对不要！因为我坚信，除了发脾气，一定有更好的教育对待方式，如果没有，那只能说明我的情绪管理不够好或者教育智慧还欠缺，孩子不应该为我的情绪管理和教育智慧的缺失负责任。

当我们冲着孩子发脾气的时候，我们正在生动地向孩子演示如何发脾气，而非教导孩子如何去做有价值的事，在这样的情境之中，孩子更容易学会的是如何发脾气，而不是如何解决问题。心理学的理论各家观点百花齐放，但童年经历对人的心理成长有重大影响这一观点几无争议。荣格说："一个人毕其一生的努力，就是在整合他自童年时代起就已形成的性格。"爱发脾气的父母，更容易教出爱发脾气的孩子，这个孩子长大之后即使明白了道理，可能也很难从这种代代相传的"爱发脾气"的惯性中摆脱出来，就仿佛它是遗传得来似的。

"绝对不冲着孩子发脾气"——在我一次又一次的自我提醒之后，当我心中升起一股冲着孩子发脾气的冲动时，这句话及时制止了我让这个冲动变为现实。我在做正式专职心理老师和成为孩子爸爸的 7 年时间里，冲着孩子和学生发脾气的次数屈指可数，当然，我并非圣人，还是难以避免发过几次脾气，但这个被我当作铁律一般的原则，极大地减少了我对学生和孩子的失控言行。

你也许不太赞同我这样的做法，或许你可以先把它当作是一个人生的选择，你可以选择继续冲孩子发脾气，也可以像我一样选择不要，这是你的选择，并非违法犯罪，任何选择都是无可厚非的。但我建议你何不尝试一段时间看看，之后如果你认为对你的情绪管理、亲子关系的改善毫无帮助，你再继续原来的做法，这样并没有损失，不是吗？

我们会很容易冲着孩子发脾气的一个重要的原因是，我们把孩子犯错的后果想象得太严重。所以，当认识到我们常常陷入自己的主观性中之后，也许我还要验证一下孩子犯错的后果是否真的值得我们火冒三丈。试想在前面提到的三个情景中，哪怕李宏真的一放学回来就玩电脑而且完全没有停下来做作业的想法，那造成的直接后果又有多严重？仔细一想，不过就是拖欠了一个晚上的作业，推迟了一顿晚餐。我们会火冒三丈常常是因为主观地夸大了后果的严重性而不自知，你在脑中可能冒出了"你是不是常常背着我干坏事""再这样下去怎么把书读好，怎么考得上大学！""你根本完全没把我的话听进去，没把我放在眼里"诸如此类的自动化的想法，夸大了严重性。如果我们认为事情很"严重"，当然会对它有强烈的不满情绪，这时候就更可能让我们发脾气。下次再要发脾气之前，也记得问问自己："即使孩子真的这么做了，后果又有多严重呢？"以此来验证自己是否主观夸大了问题的严重性。

如果你觉得光靠自我意识的提醒很难做到不发脾气，那么你可以设计一些方法来让自己养成不发脾气的习惯，但我要先提醒你保持耐心，你日积月累养成发脾气的习惯，奢望短期之内就发生彻底的改变，这样的期望是不现实的。有一个流行的说法是 21 天养成一个新的习惯，但心理学研究表明，其实需要更长时间才能养成一些简单的习惯。伦敦大学学院的健康心理学家菲莉帕·拉利（Phillipa Lally）及其同事，招募了 96 名参与者，让他们每天重复一项与健康相关的活动，持续 84 天，看有多少人可以形成习惯。研究发现，平均而言，全部参与者需要 66 天的时间来形成这些习惯。威尔·鲍温在《不抱怨的世界》里用了一个方法来改变人们喜欢抱怨的习惯，就是每次我们只要发现自己抱怨了，就把手上戴着的紫色手环换到另外一只手上以提醒自己又开始抱怨了，对每次抱怨保持觉察让我们在抱怨发生之前可以有意识地阻止它真实发生。你也可以参考这个方法，只不过你要做到的不是不要抱怨，而是不要冲着孩子发脾气。

　　我的个人经验也许你可以参考看看，我几乎不会冲着孩子或者学生发脾气，所以我并不需要纠正这一点。但我常常因为无法忍受别人对孩子发脾气从而对别人教养孩子的方式指手画脚，特别是我最亲近的人，每次我老婆只要声色俱厉地教育小孩，我就会忍不住在小孩面前直接抱怨她，后来我发现这是很糟糕的方式，不仅没有纠正我认为的她的错误教养方式，还使我们夫妻之间的情感关系遭到破坏。后来，我采用了一个简单的方法纠正了这个不良习惯，我在手机上设定了一个 22：30 的闹钟，闹钟的标题是——不要对老婆的教养方式指手画脚，每天睡前闹钟就会响起，我就会审视这一天我是否做到了这一点，从此再没有犯过同样的错误。

　　写到这里，可能有些人要提出异议，难道孩子犯错了我就不该感到生气吗？这会不会太虚伪了？在上一节当中，我们也提到要警醒自己是否陷入主观性之中而错怪了孩子，但如果我们并没有错怪孩子，是否意味着我们可以理直气壮地向孩子发脾气呢？我想要告诉大家的是，表达你的生气不等于发脾气。

3-4 表达你的生气不等于发脾气

看到了前面我的一条建议"绝对不冲着孩子发脾气"，你肯定会有这样的疑问：难道孩子做错事了，我也不该对他发脾气吗？我的回答是：是的，你可以对他表达你的生气，但向他表达你生气的情绪不等于要冲着他发脾气。你可能还会十分困惑，生气和发脾气不就是一回事吗？

我暂时不回答这两个问题，我们先来讨论两个概念，我把生气分为两种：一种叫"洁净的生气"，一种叫"不洁净的生气"。下面我们来看看它们分别是什么意思。

我们因为工作忙碌，有时候会把儿子留在爷爷奶奶家。有一次，工作上碰到了一些棘手的问题，心情十分烦躁，忙到很晚才去接孩子，结果我一进门就看见孩子目不转睛地看着电视，而我父亲在一旁只顾玩自己的手机。这对我烦躁的心情简直是火上浇油，心中顿时冒出各种各样的念头，当爷爷的怎么这么不负责任，小孩从我出去看电视到现在管都不管。都7岁了还这么不自觉！我忍不住冲着孩子咆哮：看那么久电视，你知不知道会近视！马上给我把电视关掉。我一把抢过遥控器关掉了电视，动画片看了一半的孩子放声大哭。我心中怒火燃烧，只想冲着他发脾气。大家可以试着判断一下，我这里的生气是"洁净的生气"还是"不洁净的生气"？你做出判断的理由是什么？

不难判断，此处的我的生气是"不洁净的生气"。因为我把工作的烦恼、对我父亲的不满等所有情绪都怪罪在孩子身上，这样的生气是不洁净的，是不单纯的，同时可能存在许多主观判断，也许孩子中间休息了很长时间才又开始看电视。总之，这样的生气存在着许多情绪的杂质，包含着我对工作的烦恼，对父亲的不满，我主观想象所带来的情绪，并不只是单纯对孩子行为感到生气。

什么叫"洁净的生气"？我们明确无误确认孩子做错了事，可能是小朋友抢了别人的玩具，可能是青春期的孩子偷了家里的钱，可能是高中生偷偷躲在厕所里抽烟，我们完全可以对他们表达生气的情绪，让他们知道我们不喜欢他们这么做，这伤害到他也伤害到了我们。

总之，"不洁净的生气"是存在主观判断，并夹杂着其他情绪的生气，而"洁净的生气"是建立在客观事实基础之上，仅指向孩子错误言行的生气。

对孩子表达"不洁净的生气"就是发脾气，这是我们要避免的。而表达对孩子"洁净的生气"甚至是我们所鼓励的。

再回到开头的两个问题，现在大家应该心中也有了答案，孩子做错事了，我们可以对他表达生气的情绪但不该发脾气，生气和发脾气并不是一回事。

3-5　想发脾气的时候先暂停一下

　　当我们的大脑被愤怒的情绪占据，完全腾不出理性来分辨哪些是生气中洁净的部分、哪些是不洁净的部分时，我建议你可以先离开让你想要发脾气的情景，有一句话说得很好："先处理情绪，再处理事情。"

　　甚至你也可以在内心默念一些充满哲理的句子来让自己恢复理性。最近在看一档演说节目，有一个心理咨询师说的一句话让我印象深刻，她说："孩子，我骂你不是因为我爱你，是因为我情绪管理不好。"我觉得这句话就可以作为在发脾气前对自己的一个很好的提醒。

　　总之，当你想发脾气的时候，留一点时间与自己的情绪相处。有的地方流传着这样一个有趣的说法：如果你不喜欢当时的天气，只要在原地逗留几分钟，天气就会发生改变。

　　这里我要说一下题外话，时间是很好的治愈情绪的良药。我在咨询室接待的一些来访者，常常第一次来的时候因为遭遇到生活的困境而痛哭流涕，我只是倾听，也并未做太多的处理，结果过了一周他再来的时候，却宣称情绪已经好了很多，甚至有不少人表示他们已经不需要再接受咨询，情绪已经完全不受困扰了。为什么会出现这种情况呢？因为一周的时间过去了，由于淡忘了、看开了，所以渐渐脱离了悲伤的状态，与过去的自己拉开了距离，仿佛过去的自己是另外一个人。时间让我们产生更多的观察，并与悲伤痛苦的情绪拉开了距离。

如果你本身并不是一个性情急躁的人，通常在我们要发脾气之前，暂停一下，关注自己的身心，并告诉自己："噢，这就是愤怒的感觉"或者"噢，这就是要发脾气的感觉"。简单的自我问询都能够快速地让自己与混乱、愤怒的情绪拉开距离。

3-6 让生气保持洁净的方法一：
关心自己的情绪状况

这里我想和大家谈一个看上去和"好好说话"没有太大关系却十分重要的话题，一个心情不好的人是很难做到和别人好好说话的，不管是朋友、家人还是孩子。相对于成人而言，孩子还比较"弱小"，何况他们生活在父母的羽翼之下也无处可去、无法躲避、无法防御，也就更容易受到我们积压在心中的情绪炮弹的攻击。

因此，我建议家长和老师们平时多关注自己的情绪健康状况，当我们情绪不佳的时候，很难控制好情绪不对孩子发脾气。

有一个父亲因为在公司里被上司批评了一通，心情很不好，回家冲着正在看电视的妻子发了一顿火；妻子心情也糟透了，看到趴在地上玩耍的（还在上幼儿园的）儿子，将他臭骂一顿；儿子心里也憋屈，看到阳台上的猫，一脚踹了过去，结果猫掉到了马路上。这就是心理学上著名的"踢猫效应"，当你情绪不佳的时候，你很难做到好好说话，坏的情绪可能在家庭内部来回相互传染。

关注自己情绪健康的话题，如果只谈到这里，那么就跟讲大道理没有什么区别。讲道理是需要的，但只讲道理是我写这本书时尽量避免的，因为只有道理而没有具体操作的方法，那么道理就只是正确的废话而已。

记得前面的章节我们提到，情绪其实都可以是积极的，没有什么不应该存在的情绪，情绪自有它存在的道理和逻辑。当我们感到情绪不佳的时候，试着问问自己，我现在的心情怎么样？可以用什么词来形容它？当你能够描述出自己的情绪状态的时候，也就意味着你有办法觉察到你的情绪，你知道了自己心中正在发生什么事情，你也就有办法阻止情绪的爆发。

这在一开始可能会有些困难，但觉察是一种能力，能力是需要训练的，当你觉察一次，你就有意识地问自己一次，当你觉察两次，你就有意识地问自己两次，三次、四次、五次……经过长久的训练，你的觉察能力将越来越强。

但有时候我们会觉得描述情绪的语言十分匮乏，这里和大家分享一种方法。贝克在《认知疗法：基础与应用》这本书中提到，认知行为疗法的咨询师遇到觉察情绪困难的来访者，有时候会给他们提供一个形容情绪的词汇表，让他们作为参考，从中挑选形容自己情绪的词语。（见附表1）

附表1

悲伤、压抑、孤独、不悦

焦虑、担心、害怕、恐惧、紧张

愤怒、恼火、生气、烦恼

害臊、尴尬、羞辱

失望

嫉妒、羡慕

愧疚

> 伤害
>
> 疑虑

通常来讲，大多数人觉察到自己的情绪是怎么样的，情绪就会缓解了很多，这样对自己的情绪的描述过程本身就是让自己和情绪拉开一定距离并对其进行观察的过程。当你和你的情绪没有完全纠缠在一起，你就能避免被卷入情绪的洪流。能意识到自己的负面情绪就是控制住脾气的第一步，如果只是在内心觉察到自己情绪的做法还不能让觉察足够明晰，我们可以试着把负面情绪用有声的语言说出来，让负面情绪更加明晰"可见"，例如，你在觉察情绪之后，告诉自己："我现在感到愧疚／尴尬／愤怒。"

如果你愿意，甚至还可以再做进一步的操作。我已经一再提及，情绪的出现必然有它存在的意义，我们甚至有时候还要感谢我们的情绪。

当你觉察到自己的情绪的时候，可以把手轻轻地压在自己的胸口上（这个地方常常被人们象征性地当作是心灵的所在之处），也可以只是把意念集中在身体的某个部位。当这种情绪较为清晰地浮现在心灵之中的时候，与自己的情绪对对话。比如，你可以这么说："谢谢你的提醒，让我知道我想成为一个优秀的父亲／母亲／老师，让我知道我想得到什么，我希望有一个健康／快乐／卓越的孩子，谢谢你的提醒，我现在已经接收到了你给我的信息。"

这个简短的心灵的自我沟通是非常简便易操作的，需要的时间也不长，随着你操作的次数增多，所需要花费的时间也会越来越少。这样也能够让我们更加关注到情绪的正面意义，避免被本能原始的冲动情绪所控制，把与它对抗的精力节约下来，有充足的思维空间去注意到那些真正有价值的对孩子的教育活动。

除了觉察我们所身处的情绪类别之外，觉察自己在孩子面前处理情绪的方式也会对我们的情绪健康和照顾好亲子之间的情感关系有所帮助。有些家长可能会像踢猫效应中的那对父母一样，把孩子当成出气筒，把脾气发在孩子身上。有些家长则正好相反，总是避免在孩子面前流露情绪，例如，我们碰到了工作上的烦恼，夫妻之间产生了争吵，当孩子问起的时候，大多数的父母可能会回答："没什么事。""小孩子别管这么多。"父母可能出于保护孩子的考虑，也有可能是为了维护自己在孩子面前完美的形象，不管如何，这多少都会影响我们与孩子之间关系的真诚度和亲密感，也容易让自我中心倾向更明显的孩子把父母所承受的压力和情绪归咎为"自己表现不好／不乖"。我们鼓励在孩子面前用恰当的方式表达你的情绪，而非发泄或压抑你的情绪。你可以直截了当地告知孩子："爸爸／妈妈工作上碰到一些烦恼，不是你的问题"或者"爸爸／妈妈一天工作下来感到很疲劳需要休息一下，你先自己玩一会儿"。当然，如果确实对孩子的某些言行感到生气，我们也可以直接告知对方："你刚刚把袜子丢在客厅的地板上，我感到很生气。"

练习：情绪觉察日记

日期	事件	情绪类别 （参照情绪词汇表）	处理方式 （发泄 压抑 表达）

3-7　让生气保持洁净的方法二：悬搁先定立场

在本章的开头已经阐述过"我们都受困于我们的主观性"的观点，也在 2-1 提到我们常常有先定的立场和道德判断。带着先定立场和道德判断来与人沟通，这一类事情其实在生活当中时常上演。为了让大家感受一下这事有多常发生，我和大家分享几个我亲身经历过的事情，你也许可以在这些事情当中看到自己的影子，我想这对你反省自我会有一些帮助。

几年前，我们一家搬到学校新盖好的教师宿舍楼居住，有朋友登门拜访，一看到宿舍地方那么小，朋友就开始替我打抱不平："学校怎么那么小气，盖那么小的房子，不过有个地方住也总比没有好。"听他这么一说，我好像真的住进了一个糟糕的房子，还要谢谢我朋友对我的安慰——"有总比没有好"，我刚搬进"新家"的兴奋劲一下子少了很多。其实在他登门拜访的前一天，我刚刚在我日记中描述了我幸福的教师生活，我是这样子写的：

　　每年两个月的带薪年假，只要我愿意，我有大把的时间游遍天下。

　　没有很高的薪金工资，但绝对饿不死我，物质和精神上都是。

　　我住在世界上最好的别墅区，晚上伴着虫鸣入睡，早上在鸟叫声中醒来。我有十几个篮球场并且不愁没有打球的小伙伴，我有室内游泳馆并且不需要支付任何费用。

看看我的描述，在我的朋友登门拜访之前，我一直认为能住在学校的宿舍是一件十分幸福的事情，住学校宿舍就像是住别墅区一样。而我朋友带着自己主观立场的评论和安慰反而让我感觉很不是滋味。

闽南地区至今还多少有些"重男轻女"的封建思想，我的一个朋友生了一个女孩，因为宝贝的降临，他们一家人变得更加忙碌也更加幸福，我们也去看望他们并送上祝福。当我们在愉快地聊天的时候，他的一个亲戚登门拜访，一进门就说："生的是女孩啊，没有关系，生男生女都一样，现在女生更值钱，以后开放二胎再生个男的。"这么一说，我朋友好像应该为生了女孩而难过似的。带着自己主观判断的谈话，有时真是让人无言以对，很难再有继续与之交流的欲望。

以上说的这两件事是为了让大家感受一下带着主观的立场、假设及判断的现象在生活中有多么常见，而我们作为父母或教育工作者应该比他们有更细微的洞察和高明的做法。

"现象学有一个方法——悬搁，指的是在与人沟通的过程中我们要先把自己的先定立场搁置一边，关注当下正在经历的事情，体验当下的感受，对沟通对象予以密切的关注，并避免对对方做出仓促或不成熟的判断。"关于悬搁，我们来看看以下两段老师与学生之间的对话的对比。

对话1：带着立场

小红：老师，我期中考考了年级第20名。

老师：考得不错啊！这是值得高兴的事情。

小红：也许吧，当然，我还是觉得挺高兴的。

老师：继续努力，下次争取考个更好的成绩。

小红：……

对话2：悬搁立场

小红：老师，我期中考考了年级第20名。

老师：感觉怎样？

小红：不太确定，当然，我还是觉得挺高兴的。

老师：似乎你有些不太肯定？

小红：是啊，虽然高兴，但我还是高兴不太起来，一直觉得自己考得好是侥幸，很担心下次会退步很多。

老师：你觉得自己考得好是侥幸，你的想法是？

小红：我从来没有考得这么好过，而且我花了很多精力复习，感觉只要一放松就会考不好，这让我感到压力很大。

……

我们可以看到对话1中带着立场的谈话让孩子觉得自己感到担心是不应该的，压抑了内心的真实想法，让双方的谈话受阻，孩子无法真实地表达内心的感受。对话2中老师两次悬搁了自己的立场，考得好并不见得就一定会高兴，敏锐地觉察到小红对自己的感受有不太肯定的部分，后续也不急于表达自己的判断，不反驳她"考得好是侥幸"的说法，而是让其进一步阐明自己内心的想法。

悬搁的做法还可以帮我们有效地去除情绪的杂质，让我们更加纯粹地体验沟通对象的感受。

就读初二的小明平时总是活泼好动，常常惹老师不高兴，许多老师不喜欢他。今天课间小明反常地十分安静，趴在课桌上发呆。老师看见了，想过去关心关心他，改善师生关系。

老师：你今天怎么啦？

小明：没什么。

老师：我还不了解你？平时那么好动，今天一定是碰到什么事了，说吧。

小明：你别说了，我没什么事。

老师：你这什么态度啊，怎么还这么不懂礼貌，老师是关心才问你。

小明低着头再也不说一句话。

在这段对话当中，老师带着两个立场与小明对话：首先，老师非常武断地判断小明一定是碰到了什么事；其次，老师认为小明没有礼貌，这样的判断可能还来源于老师过往对他的印象。这也让我回想起那句西方谚语："通往地狱的道路通常是由善意铺就的。"老师本来带着好意关心他，最后反而让师生关系变得更糟。下面我们来看看悬搁的做法是怎样的。

老师：你今天怎么啦？

小明：没什么。

老师：噢，老师是看你今天一直趴在桌上，如果碰到什么困难，老师帮得上忙的就告诉我，好吗？

小明：好的，谢谢老师。

这段对话小明同样没有告诉老师更多，但至少双方的情感关系没有受到伤害，而且说不定小明真的并不需要老师的帮忙，不是吗？如果小明真的碰到一些困难需要老师的帮助，悬搁的对话方式也让小明后续愿意寻求老师帮助的可能性更大。同时，心理学认为"自己才是自己的专家"，提供任何帮助都应该显得简洁而慎重，带着主观立场的强行介入只会引来更多的抵抗和对立。

3-8 避免将孩子的"不良言行"道德化

　　一个妈妈带着一个 3 岁小孩走在路上，小孩突然拉着妈妈的手兴奋地说："妈妈，快看前面那位阿姨的屁股好大。"面对这种情况，你会做何反应？大多数人可能只是一笑置之，或者小声提醒小孩在公开场合讨论别人的隐私部位是不礼貌的行为，很少人会训斥孩子："小小年纪就这么好色！""你这是要流氓，以后不许这么说了。"因为我们知道他只是一个 3 岁小孩，我们理解他还不太懂得社交礼仪，他只是发现了新奇的事物，十分兴奋地想要和大人分享他的发现。所以，我时常会提醒大人们重新审视孩子在生活中的所作所为，告诉他们，大多数孩子只是做出了他们这个年龄会出现的行为，而非不道德的行为。

　　但随着年龄的增长，我们会变得越来越难以宽容他们的"不道德"行为。特别是到了青春期，孩子长出了一副越来越接近大人的躯壳，可是还是有着孩子一般的内心，毕竟他们也才距离小学毕业不到 1 年时间（初一），最多也不过是 6 年时间（高三）。可我们对他们的要求突然一下子从小孩提高到了大人的标准，希望他们展现出大人的模样，却常常忘记他还是个孩子这件事情。

　　比如，见面容易害羞或者缺乏社交经验的孩子不与大人打招呼，被家长贴上了"不礼貌""没大没小"的道德标签；学生将校服改小脚裤被老师称为有"流氓习气";爱打扮的女生被冠以"水性杨花"的污名;无法真正理解"分享"概念的学龄前儿童被父母强迫分享之后放声大哭,被父母批评"自私小气";父母在日记中发现小孩暗恋学校里的某个女同学,训斥其"思想不健康";因为严重焦虑而无法继续上学的学生,被父母批评是大逆不道,被老师批评是娇生惯养。遭遇这样的教育困境,究其原因就是大人并不了解孩子成长的特点,不了解孩子心理问题的成因,简单粗暴地把孩子的言行归类为"不道德行为",这只会让孩子增加心理负担和负面情绪,而且以后这些情境将很容易被孩子与消极的情绪联系在一起,让孩子以后再面对同样的情境,内心就不由自主地升起焦虑、羞耻等负面情绪,反而让孩子对做出符合大人"道德"标准的行为产生抵触。

这种将孩子的言行道德化的现象其实很常见,请大家牢记,简单粗暴地将孩子的不良言行都归类为道德问题对孩子心理健康是有害的,除非孩子真的做出明显不道德甚至是违法的行为,不然我们都应该尽可能地少给孩子贴道德的标签,能少贴尽量少贴,花更多的时间想怎么解决碰到的困难,而不是费劲地向孩子进行道德谴责。

3-9 简洁明了地向孩子表达你心中"洁净的生气"

　　当我们对孩子的言行感到生气（洁净的），我们是否应该让孩子知道我们生气了呢？有些家长或老师会认为，我们不应该在孩子面前表露出负面情绪。其实，积极心理学的观点里，生气并不是一种负面的情绪。我们前面章节一再提到，情绪常常是有正面的意义，生气并不总是一件不好的事情。所有的师范类的大学生都学过普通心理学，里面提到了情绪有信号功能，当我们生气的时候，小孩子才能够接收到大人发出来的情绪信号，会开始反省是不是我什么地方做得不好了？所以父母、老师对孩子表达"洁净的生气"，可以帮助孩子通过接收父母的情绪信号来修正自己的言行。

　　如果你觉得生气是一件不好的事情，那么你可能就会要求自己"不要生气"。然而不要生气几乎是不可能的，特别是当我们面对的是自我中心、无视规则、上蹿下跳的小孩，他们无时无刻不在冲撞你"不要生气"的脆弱防线。

　　试想，你面对的是一个穿着沾满沙土的鞋子踩上你新买的纯白色的布艺沙发的孩子，面对的是一个当众拒绝交作业还在你课堂上睡觉的学生，面对的是一个一回家就关在房间里玩电脑很少与父母交流的网瘾少年，面对的是一个瞒着大人偷偷跑到校外喝酒的初中生，我想这个时候，你不会感到生气、难过才是不正常的。当我们明明很生气，却又硬要求自己"不要生气"，这只会让自己的怒气郁积心中并日渐增长，直到你难以承受，最终火山爆发。本来在一开始是"洁净的生气"，因为不断地加入各种不同的怒气，让它夹杂越来越主观的杂质，变成了"不洁净的生气"。

所以，我是鼓励大家尽量在当下立马向孩子表达你"洁净的生气"。一旦你能觉察到内心的生气，那么你就需要尽可能直截了当地表达出来，也就是说，我们的表达不能含糊其辞，不能有过多的主观揣测。简单来说，我们只说出事实，只说出我们心中这份确信无疑因孩子错误言行所产生的"洁净的生气"。我先举几个并不洁净的生气的例子，比如："我感觉你每次回家从来不跟我说话。""我感觉你这样做非常不礼貌。""我感觉你从没把我的话听进去。"这些话其实并不是确信无疑的事实，还存在许多其他的可能性，孩子很可能回来主动找过大人说话但并没有被我们注意到，孩子可能碰到了重大的应激事件让他有了消极面对作业和课堂的言行，孩子肯定把我们的话听进去甚至都会倒背如流了，但做得到和听得懂是两回事。也就是以上的"我感觉"开头的感受很可能并非事实，都充满了主观性的武断猜测。

当我们生气的时候，如果我们说："我感到生气。"这就是一个毫无争议的事实。这是最简洁明了地向孩子表达你心中"洁净的生气"的方式。这样的方式看上去有些笨拙，但已经比前面那些充满主观论断的感受要高明了许多，虽然并不是最好的方式，但至少是一个合格的做法。

所以以后，当孩子有不恰当的言行，而你也没有更好的表达感受的方式，你就可以直截了当地告诉孩子：

“我感到生气。”

“我感到难过。”

“我感到害怕。”

“我感到惊讶。”

......

3-10　你还需要告知孩子这么做／不能这么做的
　　　　原因

　　前面说过，直截了当地告知对方你的感受是一个合格的做法，如果我们能再接着告知孩子不能这么做或要这么做的原因是什么，那么他们就更能够将你要传达给他们的社会规则、价值观内化成自己的行为准则。

　　同时也要注意，我们要告诉他们不能这么做的原因，而不是告诉他你不让他这么做的原因。注意这两者之间的区别，前者不能这么做的原因是因为他自己的需求，后者不能这么做的原因是因为大人的想法或喜好。

　　"你不能躺在地板上滚来滚去，因为妈妈不喜欢。"→因为妈妈的喜好。

　　"你要赶紧做作业去了，因为老师知道了会生气的。"→因为老师的喜好。

　　"快一点吃，因为你吃得慢爸爸一会儿不给你看电视了。"→因为爸爸的喜好。

　　"你要认真读书，不然你会拖班级的后腿。"→因为老师的喜好。

　　试着把这些句子改写成以孩子为主的表达方式。

　　"你不能躺在地板上滚来滚去，因为地板上有许多细菌可能会让我们生病。"

"你要做作业去了，因为及时的巩固练习能让你把知识掌握得更牢固。"

"快一点吃，因为吃太慢了，饭菜凉了对你的肠胃不好。"

"你要认真读书，因为成绩提高了将来人生的选择更多一些。"

3-11 恰当地表达自己的愤怒

也许你对我前面提的"绝对不发脾气"的建议嗤之以鼻，认为说着容易做着难。那么我这里向大家建议，我们其实可以适当地向孩子表达自己的愤怒。前面的章节已经描述过，向孩子表达愤怒的情绪也可以是一件好的事情，可以让孩子明白他的言行已经超出了界限，需要得到修正。

愤怒常常以指责的方式来表达，这是为什么呢？当我们感到生气的时候，我们在生谁的气？很明显我们在生孩子的气，我们把愤怒的责任归咎于孩子，如果是孩子的责任，我们很难忍住不对他进行指责。

当父母对孩子说："你成绩考这么差，真是让我们太丢脸了！""你再不来吃饭，妈妈要发脾气了！""你这么不懂事，我真是太伤心了！"我们其实是在告诉孩子，我的痛苦是你造成的。

然而，实际上，我们的心情并不取决于他人的行为。举个例子，假设你到公园散步，累了坐在长板凳上休息并把帽子放在一边。这个时候，有个人走了过来一屁股坐下，把你的帽子给坐扁了。请问，你会有什么感受？你可能会感觉十分恼火，这个人怎么这么不注意，这么粗鲁！但如果我告诉你坐在你帽子上的人是个盲人呢？也许你就会觉得没什么大不了的，也就释怀了，甚至还会因为自己错怪别人而感到内疚。这个过程当中事情还是那个事情，人还是那个人，只是你心中的看法发生了变化，于是你的情绪也随之改变。一开始你觉得对方是一个粗鲁的人，于是感到十分生气，后来觉得对方是一个情有可原的人，于是就不再生气了，甚至心生同情。

我是说，也许你可以试着换一个角度来看待你对孩子的愤怒，也许不是他成绩考差了让你感到丢脸，而是你认为成绩考差是一件丢脸的事这个想法让你感到丢脸。也许不是孩子不快点吃饭让你恼火，而是你上班快要迟到了让你感到恼火。所以你生气的原因也许不是孩子造成的，而只是我们自己的需求没有得到满足。

如果能领悟到这一点，我们表达愤怒的方式也许就会发生改变。"专注于我们的需要，比评判他人是什么人，更有益于生活。"著名的马歇尔·卢森堡博士在《非暴力沟通》这本书中据此提供了一种恰当表达愤怒的方式。我们可以用简单的练习来深化这点理解，试着把"我生气是因为你……"改成"我生气是因为我看重 / 需要……"。比如，把"我生气是因为你成绩考得差"改成"我生气是因为我看重努力"；把"我生气是因为你吃饭慢"改成"我生气是因为我需要抓紧时间去上班"；把"我生气是因为你不懂事"改成"我生气是因为我需要理解，看重沟通"。

学校里低年级的学生常常会干出让老师恼火的事情，被怒火填满大脑的老师可能留不出更多的思维空间来做有效的处理。因而，愤怒常常会伴随着破坏性和攻击性，愤怒更容易驱使我们攻击别人，而非解决问题。曾经有一个经验丰富的老教师告诫我们，不要和学生真的生气，不然会短命，气死自己，如果你要生气，一定都是演给学生看的。当然，玩笑归玩笑，不过这位老教师提醒了我很重要的一点，我们可以让情绪成为传达信号的工具，而非暴力工具。

如果我们更关心孩子的需求而非问题，我们可能只会有很少的愤怒或者完全没有愤怒，也会有充足的理性空间来传达自己的情绪信号。

咨询室里的学生来访者，比起在父母老师面前，面对心理咨询师时更愿意敞开心扉、平和交流，这是因为心理咨询师是一个支持与帮助的姿态，关注着他们的需求而非问题。我们还会试图把人和问题分开，人是人，问题是问题，而非人是问题。并不认为人有问题，自然也不会有指责对方的言行出现。

孩子的每一个错误言行的背后可能潜藏着一个被成人们忽视的未被满足的需求：一个考试作弊的学生可能需要的是被人肯定，一个总是欺负女同学的小朋友可能需要的是被人关注，一个回家不愿说话把自己关在房间里玩电脑的孩子可能需要的是有人陪伴他（而非别人需要他的陪伴），一个与老师争得面红耳赤的学生可能需要的是有人理解……如果我们关注孩子错误言行背后潜藏着的不被满足的需求，我们就更可能表现出一种支持和帮助的姿态，我们也会更倾向于满足他的需求，倾向于问题的有效处理。当他的需求得以满足，错误言行也会自然地消退。而把错误言行的责任归咎于对方，则正好相反，我们更容易表现出指责攻击的一面，把亲子、师生双方推向了敌对双方。下次再面对孩子的不恰当言行时，如果你还能留出一定理性的余地来进行这样的思考："他需要什么？"我们很可能就不会愤怒。如果有，那也只是我们向对方传达情绪信号的工具而已。

最后，我再简单地总结一下表达愤怒的三个层次：第一个层次，我们把生气的原因归咎于孩子，我们倾向于攻击小孩；第二个层次，我们注意到生气是因为自己的需求没有得到满足，这让我们的愤怒变得洁净，让自己的表达变得真诚；第三个层次，我们在生气的时候考虑到孩子的"不良言行"背后潜藏着的心理需求，这个时候就让问题走向解决而非只是攻击谴责孩子而已。以下提供同一个情景的三种不同层次的愤怒表达方式，以供大家参考。

情景：当孩子成绩考差了。

你把生气归咎于孩子，你会说："成绩这么差，对得起我们养你这么大吗？"

→攻击对方，破坏亲子之间的情感关系。

你生气时关注自己的需求，你会说："我们感到生气，因为我们看重努力。"

→传达了情绪信号，保护了亲子之间的情感关系。

你生气时考虑到孩子的需求，你会说："这次成绩不理想，碰到什么困难了吗？"

→传达了情绪信号，增进了亲子之间的情感关系，目标指向问题解决而非攻击惩罚。

练习：完成三种不同层次的表达愤怒的方式

情景1：孩子浑身脏兮兮的，把玩具全部倒在干净的床单上玩。

归咎于孩子的错，你会说 ＿＿＿＿＿＿＿＿＿＿

关注自己的需求，你会说 ＿＿＿＿＿＿＿＿＿＿

考虑到孩子的需求，你会说 ＿＿＿＿＿＿＿＿＿＿

情景2：孩子一回家就把自己关在房间玩电脑不和大人交流，你感到生气。

归咎于孩子的错，你会说 ＿＿＿＿＿＿＿＿＿＿

关注自己的需求，你会说 ＿＿＿＿＿＿＿＿＿＿

考虑到孩子的需求，你会说 _____

情景 3：刚上高中的女孩，因为适应困难，常常打电话回家哭诉。

归咎于孩子的错，你会说 _____

关注自己的需求，你会说 _____

考虑到孩子的需求，你会说 _____

第四章

承认并接纳情绪的存在

4-1 给予闹情绪的孩子以理解和帮助

我们是如此厌恶负面情绪，因为它们给我们带来不舒服甚至是痛苦的感觉。负面情绪还让我们感到脆弱，"你是男子汉不许哭""怎么这么软弱，动不动就哭"之类的话语几乎在每个家庭之间流传，就像代代相传的诅咒一般阴魂不散。几乎所有委屈难受的人们在想哭的时候，都会强忍着眼泪极力克制住负面情绪，因为哭让我们感觉自己软弱无能，我们同样也会这么要求孩子们，理所当然地就如家传的祖训一般。可是当我们自己对抗负面情绪或者让孩子对抗负面情绪的时候，我们的负面情绪真的被克制或者消失了吗？令人沮丧的事实是，它永远不会消失，甚至会在你极力克制它的时候反而愈加猖獗，情绪的伤口反而迁延不愈。我们也许要换一个思路，负面情绪虽然会带来不舒服的感觉，但它自己本身并不是一个坏东西，它就像一个向你传递坏消息的信使，消息是坏的，但信使可是好的，它可是出于"好意"才告知你这一切。我们当然会有情绪，就如我们当然需要呼吸一般，一个面对险境毫无恐惧、焦虑等负面情绪的人必然无法存活在世上。接纳来自我们和孩子的负面情绪，一个出于"好意"的信使并非是我们需要处理的对象。

我们仍然还是从一个故事开始讲起，有一个学生因为某些事情和老师发生了争吵，回家之后向父母讲述了这件事，最后还非常愤怒地表示："他这样做，怎么有资格当老师！"她的爸爸为了平息孩子的怒火，说了一句："你不要那么生气，老师也许误会你了。"孩子听到之后，更是心中无名火起。"就算是误会了，那也是他的错！你的女儿都受欺负了，你还帮别人说话。"说完之后，生气地把门一甩，把自己关在房间里，谁和她讲话都不理睬。

他的父亲束手无策，只好来找我寻求帮助，我告诉这位父亲，当时如果你对她说："如果是这样，这个老师真是太过分了！"再配合表现出一些激烈的情绪，比如声调提高、挥舞手脚、显得很愤怒的样子，她很可能就不会把自己关在房间里不理你。这位父亲有点理解，但还不是那么确切地明白我的意思。我又给他打了个比方，如果当时你听了你女儿的话非常生气地冲进厨房，拿了一把菜刀一边要冲去学校一边喊："敢欺负我女儿，我要和他拼命！"这个时候你的女儿说不定还会反过来劝你说："爸，不要那么冲动，我就是跟你说说而已，也许还有更好的办法。"我这样描述之后，这位父亲恍然大悟。当然，我们不能真的做出这种过激的言行，真这么做了会有更多不确定的风险存在，要是他的女儿不按剧情走，顺手抄上一把剪刀和父亲一起去找老师"报仇雪恨"，这时候孩子的父亲就骑虎难下了。我只是举一个极端的例子以说明道理，当孩子在闹情绪的时候，他更需要的是他人的理解和帮助，而不是毫无根据的揣测或者冰冷的建议。当我们怒火冲天、悲伤痛苦的时候根本毫无理性可言，每个人都是如此，更何况是理性自控能力还远不如大人的未成年人，这时候理性地讲道理、给建议难以有丝毫作用，甚至还会让对方的负面情绪进一步加重。就像婚恋类的心灵书籍都会告诉我们，当你的老婆或女朋友找你倾诉抱怨的时候，我们不需要给建议，只需要听就好了，当然是要真的在倾听，而不只是像一桩木头一样保持安静让对方说话。

所谓的理解和帮助，我觉得和心理咨询中的"共情"这个概念是比较相近的，也就是我们能够换位思考，将心比心，对对方的遭遇和情绪产生共鸣。所谓的共情并不是同情，比如，前面学生与老师发生矛盾回家找爸妈诉说的情况中，如果爸爸说："噢，遇到这样的老师，你真是太倒霉了，运气太差了。"这听上去更像是一种同情，而不是共情，同情反而会进一步强化孩子的不幸感。当然，共情也并不意味着同意，我们会理解对方的愤怒情绪，但并不一定会同意她在愤怒情绪下所做的评论和决定，比如上述例子之中，女儿如果生气地说"我再也不想去学校了"或"我再也不听他的课了"，她的生气是可以理解的，但显然，我们不会同意她打算要做的事情。

什么叫同感式的理解和支持呢？如果这个时候，爸爸对女儿说："你现在一定非常愤怒，你需要我怎么帮助你？"前一句话向孩子传达我们的理解，后一句话是表示对她的支持。事情就更可能会朝着好的方向发展。

除此之外，还需要注意的是，我们最好不要试图去控制对方的情绪，或要求对方控制情绪。在第二章中，我们就提到了"允许情绪存在"这个话题，如果你已经忘了相关内容，可以翻回去重新阅读。当我们尝试控制情绪的时候，情绪反而可能对我们产生更大的打扰，而且该表达的情绪没有表达，淤积在心中，总会有爆发的一天，同时，我们也要耗费不少精力去压制心中像"恶魔"一般的负面情绪，这让我们的思维空间所剩无几，难以腾出精力让我们去做有价值的事情。比如，如果爸爸对女儿说："别哭了，哭有什么用！"这个时候爸爸就在试图控制女儿自然流露的情感，控制情绪的冲动来源于我们对情绪的负面评价，认为情绪是羞耻的，情绪是混乱的，情绪是软弱的。这个时候，我们更提倡的是用言行来表示对她情绪的接纳，例如，先只是静静地在旁边给她递纸巾，什么都不用说，等她情绪宣泄完了，再来商讨怎么做的话题。

我们从小就努力尝试对情绪进行压制和控制，父母亲是这么教育我们的，我们也就条件反射式地这么教育我们的子女。可以想象一下这样一个情景，一个3岁的小孩看电视超过了约定的时间，大人把电视关掉了，小孩开始放声大哭，如果你是孩子的爸爸或妈妈，你第一反应脱口而出的是什么？我猜是"别哭了"或"再哭我就不管你了"这类的话。是不是觉得很熟悉？我们不仅不允许孩子存在情绪，而且还尝试用威胁的手段来控制他们的情绪。代代相传，见怪不怪。

4-2 有些话要尽量少说或者不说

　　当孩子闹情绪的时候，有时我们第一反应甚至都不是给建议，虽然给建议也不见得是一个好主意，但还有更糟的做法，有些家长会尖酸刻薄地质疑对方、指责对方，甚至彻底地否定对方。比如，有个小孩早上一醒过来就在床上看漫画书，妈妈喊他来吃饭，孩子说："再等一小会儿，等我看完了。"妈妈说："那你快点，要有效率。"孩子说："知道了，马上好了。"妈妈有点生气地说："你总是这样！"孩子很生气地说："谁说的！"然后，书也看不下去了，坐在床上生闷气。

　　当我们在生气的时候，特别喜欢用一些质疑性、指责性的语言："你总是速度这么慢。""你怎么一直这么没耐心。"我们特别常用到这几个词"一直""总是"，这几个词一旦说出，通常是极不客观的，带有以偏概全的主观性，因为一个小孩不可能一生下来就一直没耐心，也不总是那么慢，他们至少有一些甚至很多速度快而又有耐心的时刻被我们忽视了，当我们说出"一直""总是"的时候，这句话本身就已经是漏洞百出，很可能使我们对孩子当下不恰当言行的提醒变成了是不是"一直""总是"的争论，孩子常常会以"谁说的"来反驳，但因为年纪小的孩子语言表达能力有限，很可能在说完这句话之后，就只能自己生闷气或者放声大哭，孩子的辩论能力还和大人差太远了。可当沟通变成了一场辩论赛，父母和孩子就变成了辩论的敌对双方，这种敌对的姿态站久了就变成一种惯性，哪怕大人说得有道理，孩子也照样要站在你的对立面与你辩驳，就好像辩论赛，哪怕你从理性上情感上都更认同对方的观点，但嘴巴上是绝对不会认输的。

我知道你可能会解释说，我并不是说他真的是"一直""总是"，只是想让他知道他常常这么做或者他昨天才这么干过。可你用的既不是"常常"也不是"昨天"而是"一直""总是"，我们自己说话不严谨，表达不准确，却还要责怪孩子错怪、误解我们了。这是非常不公平的事情。之所以会有这样的想法，更多的可能是源自大人们那颗高高在上的骄傲的心，不敢相信比起"弱小"得多的孩子，我怎么可能犯错。有一句话是这么说的："论迹不论心"，你本意是怎样不重要，你说了什么做了什么才重要。还有一句说过多次的话也想再次提醒各位："通往地狱的道路通常是由善意铺就的。"

在孩子闹情绪的时候，我们还特别喜欢问另外一个问题——为什么？"你为什么那么爱哭？""你为什么要那么慢？""你为什么总和其他同学过不去？""怎么老爱发脾气，为什么？""有事为什么总不说？"把带有"为什么"的这些话全部拎出来放在这里，我们就会发现"为什么"这句话常常包含着质疑性、指责性，我们真的想听他们解释为什么吗？我们不过只是想宣泄一下自己的不满情绪罢了，我们其实就是在向孩子传递这样的信息：你那么爱哭是错的，你那么慢是错的，你和其他同学过不去你也有错，你发脾气更是错。虚情假意地问为什么，这是带着理性把柄且暗藏锋刃的一句话，看似要理性讨论实则刺伤人心。况且，我们让孩子在闹情绪的时候理性地分析"为什么"这个话题，真是太强人所难了，哪怕在心平气和的时刻，我们也很难解释清楚生活中的一些言行会出现是"为什么"。不信你可以试着回答我下面要问的几个问题，请问："为什么情绪会反复？""为什么我的脾气会失控？""为什么我无法坚持我的计划？""为什么我特别容易和亲人发火？"承认吧，我们大多数人不知道或者不太确切地知道为什么会这样，当我们努力想要搞清楚为什么又得不到答案的时候，你会感觉如何？开始想不通，开始感到烦躁，甚至开始出现各种各样不太客观的猜测：我太暴躁了，我自制力太差了，我是个不孝子……好了，就此打住，想想都让人心生沮丧。这还是你在心情平静的时候思考"为什么"，假如在你情绪不佳的时候，问你这些问题无异于是火上浇油，只会让你的负面情绪愈演愈烈。

如果你仔细看过前面章节的内容，你肯定会清楚我是支持情绪的表达和宣泄的。当我们使用带有质疑性和指责性的语言"一直""总是"和"为什么"的时候，我们其实在告诉孩子你有情绪是错的，把情绪给我压制回去，用你理性的大脑来面对问题。而这常常是做不到的，并不是孩子不愿意这么做。

4-3 满足孩子情绪背后的需求

在大人眼里最常见的孩子闹情绪的方式是——哭。大多数人都能够理解还不会说话的新生儿的啼哭是为了引起父母的注意，让父母知道自己有某种需求需要得到满足，可能是肚子饿了，可能是尿了，可能是困了。所以，有一种心理学的观点是，哭是人类为了生存进化而来的一种能力，新生儿可以通过啼哭来影响大人的行为，它可以让新生儿得到父母更多的照顾，所谓的"会哭的孩子有奶吃"，说的就是这个道理。

随着孩子年龄渐渐增长，特别是到了会说话的年纪，大人们往往无法接受他们不好好说话而用哭闹的方式来表达，大人认为哭已经不是一种孩子该有的传递自己需求信号的方式了。我们可以试着问问自己，你会在孩子几岁的时候要求他们好好说话不要哭闹？我想大多数父母在孩子上幼儿园之前就会对孩子提这样的要求，哪怕再有耐心的家长恐怕也无法忍受自己已经上小学的孩子还常常哭哭啼啼而不好好讲话。事实上我们很可能过高估计了孩子的语言表达能力，按照我国九年义务教育的要求，小学一二年级的孩子的词汇量才 1600 个左右，而高中毕业生要求的英语词汇量是 3500 个，在看这本书的你很有可能至少是高中毕业的学历，想象一下你用英语和一个以英语为母语的人辩论以争取满足你自己的"需求"，我想你应该就能体会到想哭是一种什么样的心情了。一个掌握 3500 个英语词汇的高中生尚且很难用英语与人交流，何况是一个才掌握 1600 个词汇量的小学一年级的孩子。从这个角度来看，小学生难以好好说话就再正常不过了。当孩子难以向大人解释清楚自己的需求时，为了生存，遗传得来的传递信息的方式——哭闹，他们显然更为熟悉和惯用。因此，下次再碰到闹情绪的孩子，我们应该警觉，他的什么需求没有得到满足？

但每个人都是自我中心的，我们接收到一切外界的信息都是通过自我意识加工包装之后获得的，我们更容易觉察到的是自己的需求而非他人，哪怕这个他人是自己的心肝宝贝。所以，为了准确地定位孩子的需求是什么，我们常常还要做点区分，自己的需求和孩子的需求分别是什么，别把两者混淆起来。

有一次周末，我们一家人要外出旅行，儿子要带上一只变形金刚机器人，他问："妈妈，我可以带上'铁皮'在车上玩吗？"老婆："不行，你总是乱丢，到时候零件掉了又找不到，我们还要帮你收拾。"儿子就开始不开心了。看到儿子不开心，老婆也想要发脾气，跟我嘟囔着："我这是为他好，你看看他还闹什么脾气。"老婆看上去义正词严，理由充分。其实仔细一想，老婆拒绝儿子带上玩具，到底是在满足她的需求，还是在满足孩子的需求？可能更多的是她自己觉得麻烦，怕弄丢了而已。另外，大家注意到了没有，这个时候我老婆用了一个不该用的词——"总是"，就像小孩从来没有不乱丢东西。表面上看是省去了一些预计可能发生的麻烦，但是忽略了孩子的需求，反而很可能给你带来更大的麻烦，未来你就更可能会面临孩子的反抗、隐瞒、冷漠。其实让孩子带上玩具本来也可以是一件开心的事情，也是一次孩子成长的机会，丢掉玩具的零件并不是什么可怕的事情，我们完全承担得起这个风险，何必为了这么毫不起眼的风险而错过一次让孩子成长的机会呢？这就像我们因为害怕被噎死而不吃饭一样荒谬。

在这里我要做一个简单的声明，我并非在炫耀我有多么擅长教育，或者在贬低我的老婆对此一无所知，只是凑巧这个事情适合说明这个道理。事实上，在现实生活中恰恰相反，我的老婆是一个对孩子很有耐心，富有同理心，又具有教育天赋的老师和妈妈；而我则要逊色很多，我只是更擅长写作，关于教育这件事，我能做到说的比唱的还好听，但我不以为耻反以为荣，我相信理论本身并没有错，只是缺乏教育天赋的人——比如我，还需要多加磨炼。下面我们再接着回到正题。

父母很容易把自己的想法投射到孩子的身上。投射的心理现象在生活中很常见。比如，我们在办公室感到闷热，可能就会把自己的感受投射到其他人身上，把空调温度调低一些；喜欢撒谎的人就总会觉得别人也在欺骗自己；学校里的老师和公司里的职员常常都会觉得自己的工作岗位是很重要的，而且还得不到足够的重视。这种投射心理在某种程度上对我们适应环境是有帮助的，正所谓"物以类聚，人以群分"，身边的人通常和我们自己具有较为一致的特征，因此我们所做的投射判断也常常是准确的。但当父母把想法投射到小孩身上，准确性则要低很多，因为大人和小孩的同质性太低，差异性太高。比如，有小朋友来家里玩，妈妈要求自己的孩子把手中的唯一一根棒棒糖让给小朋友，可是孩子却不肯给，因为在大人眼里一根棒棒糖没什么大不了，吃掉了再买就是了，而且认为礼让客人也是主人该有的礼貌。可在小孩眼里一根棒棒糖的重要性比在大人眼里要高得多了，他口袋里又没有钱，又不知道妈妈什么时候会兑现承诺，更何况这是"我"的东西，应该由"我"自己来做决定。大人把自己的想法投射到孩子身上，两者之间的想法和需求差异性太大，分歧产生，免不了又是一场言语上的战争。

不要以为到了中学阶段，孩子长大了一些，更高大更强壮，看上去像个小大人，就认为大人和孩子的同质性会变高，需求上会更加一致。其实情况并不见得如此，到了中学阶段，孩子生活经历还是主要来源于校园，而大人们则有更丰富的社会阅历；到了中学阶段，孩子的自我意识快速发展，越来越关注自己的想法和需求，一方面孩子要求有更多的自主权，另一方面父母并没有相应地换位思考，需求被忽视的矛盾就更加突出。在学校适应、升学择业、人际关系各个方面，在生活经历落差巨大的情况下，在大人处于权威地位的情况下，大人们仍然很容易将自己的需求、想法投射到孩子身上。于是就会出现父母一厢情愿地为孩子设计前途、选择学校、规划职业，强迫孩子服从学校安排，忍受适应上的痛苦，并在孩子需求长期得不到关注和满足而情绪爆发的时候，还十分不解地质疑孩子："我们给你这么好的条件，你还有什么好抱怨的？""就这样有什么好受不了的？我们以前可比你现在苦得多了。"

所以，以后我们在要求孩子不要闹脾气之前，可以先问问自己，我这么做是为了满足自己的需求，还是在满足孩子的需求？就这么简单地有意识地一问，就我的经验而言，对于大多数父母和老师分辨清楚这个问题并不会太难，难的是培养这样的意识。

4-4　借父母之口说孩子的情绪

有一句话我十分认同——"情绪总不会出错，只是行为没了效果。"是的，情绪总不会出错，如果我们生气了，那一定是我们需要生气了。就像亲人逝去我们会放声痛哭，朋友相聚我们会开怀大笑，棒棒糖被夺走了会伤心难过，成绩退步了会黯然神伤，要做公开演讲了我们会紧张焦虑。情绪如果出现了，那就是它需要出现了，谁都不愿意这些负面情绪的出现，可它们就是自然而然地出现了，如果孩子能控制住情绪，他们早就这么做了。他们已经在遭受了情绪的困扰，我们还把这个责任怪罪在他们身上，他们要么因为极力克制情绪消耗巨大精力而筋疲力尽，要么因为控制无效而内疚自责，强化他们以后回避类似场合的倾向性。其实怪在谁头上都无济于事，接纳孩子一切感受的姿态是为了让孩子变得更加真实，也是为了照顾大人与小孩之间的情感关系。

当孩子出现情绪的时候，老师和家长们也许可以参考心理咨询师的做法试试。这种谈话的技术叫作情感重述。也就是我们只要把孩子表达的情绪重新提炼之后，简洁地重复给孩子听到。带着我们对孩子的理解，借大人之口说出孩子的情绪，这不仅有助于孩子透过父母的描述觉察自己的情绪，而且也可以让孩子觉得自己得到了父母的关注。下面我们来看看两个例子的对比。

有一个初二的孩子被老师怀疑偷了宿舍其他同学的钱。

否定情绪

孩子："那老师毫无根据地怀疑我偷了舍友的钱，我真是太生气了，他怎么可以这样？"

父亲："这有什么好生气的，不是你偷的，你就不用管他就好了。"

孩子："什么不用管？其他同学会怎么看我？那老师故意针对我的。"

孩子更加生气了……

情感重述

孩子："那老师毫无根据地怀疑我偷了舍友的钱，我真是太生气了，他怎么可以这样？"

父亲："看来你感到非常愤怒！"

孩子："没错，他肯定是故意针对我！"

孩子向父亲诉说了更多……

当然，情感的重述并不是简单的重述，我们要通过自己的理解，并提炼语言，用更简洁的方式，像一面镜子一样，让孩子看清自己的情绪。这样的复述也在向对方表明，我接收到你表达的信息了，你可以继续说你想说的话，可以进一步推进谈话，让孩子说出更多，我们也从中了解更多，也就得到更多关于如何帮助他的思路。"重述是一种灵活而富有创造性的技术，可以提高情感协调性。"

这种将孩子感受重新述说给他听的方式也在向孩子传递我们理解他们感受的信号，但我们要注意情感重述并不是简单地重复孩子的话。我们看看以下两种不同对话方式的对比。

简单重复

学生："我感到很生气。"

老师："你感到很生气。"

学生："我真是厌烦极了自己。"

老师："你真的厌烦极了自己。"

学生："你干吗老是学我说话？你觉得我不该生气吗？"

……

如果只是像一台复读机简单机械地重复孩子的话，我们可能正在向孩子展示我们是一台缺乏情感的机器，而且这种机械模仿的方式在一些孩子看来更像是大人在嘲讽他们情绪失控的样子，他们可能会把这种模仿认为是一种针对他们的嘲笑，而过多的这种简单重述还会打断孩子表达的流畅性，没有人喜欢自己的表达一而再再而三地被打断。不仅仅这种机械的重述，就我个人经验，许多咨询室的来访者在陈述某些事，或者在倾诉他们的情感时，我并没有用到情感重述这个技巧，只是偶尔简单地点点头或者发出"嗯哼"的声音示意我在听着他们的诉说，他们都会觉得有时候会因为我的点头或"嗯哼"的声音打断了思绪，让他们有些情绪卡壳并因此带来不舒服的感觉。所以，我们并不是每时每刻都需要重述孩子的情绪。我们要视情况而定，什么时候使用情感重述，需要依赖于长时间经验积累所带来的直觉判断。当我们真正领悟了情感重述的技巧，我们可能会发现其实我们只要抱着理解和支持的姿态，真心关注孩子的一言一行，情感重述的言行会在我们身上自然、不着痕迹地出现，而非我们需要经过太多思考之后再做认知抉择的表现。当然，我们也很难归纳出所有需要情感重述的情况，只能描述一个大概的方向，下面我再列举一个可以灵活使用情感重述的例子，但并不能涵盖所有情况。

整体性的情感重述

学生："我感到很生气。"

老师专注眼神和姿态保持对孩子的关注，并不急着插话。

学生："我真是厌烦极了自己。"

等待片刻，学生并没有继续表达，沉浸在自己的情绪之中。

老师："你能说说是怎么了吗？"

学生："我在学校已经很努力学习了，可是爸爸妈妈还是觉得我不够努力，不然成绩怎么会一直上不去；他们还一直念叨不希望我长大之后像他们一样，因为没有好好念书只能出来干苦力活，过得那么辛苦。他们只会一直念叨，又不能给我带来什么帮助。我也常常觉得他们那么辛苦很对不起他们。"

老师："爸爸妈妈的不理解让你感到生气委屈，总无法让父母满意，也让你更加厌烦自己，是吗？"

学生："是的。"

学生放声大哭……

当学生表达情绪的时候，我们并不急于打断孩子的表达，只是专注而安静地等待孩子继续，哪怕出现适当的沉默都不必担心，有时候沉默也是推动对方继续表达的一个动力。后来老师又用了一句："你能说说是怎么了吗？"这里用到了另外一个咨询的技巧叫作"具体化"，让学生确认情绪来源于哪些现实的困扰。真正使用到情感重述的只有最后一句话而已。值得注意的是，这句话并不是简单一一对应的重述，而是对学生在谈话中表达出来的所有情绪做的一个总结，并非学生表达一个情绪，我们就重述一个情绪。最后这句话的情感重述是对学生表达内容提炼之后的一个简要明了的反馈，这让学生更加清晰地了解自己情绪的来龙去脉。

情感重述的技巧几乎在所有的亲子沟通的书籍中都会提到，它们可能会被包装成各种各样的外表，有的书把它描述成"说出孩子的感受"，或者描述成"接纳孩子的情绪"，总而言之，它们归根结底其实就是心理咨询的基本技巧——情感重述。这些书籍可能都在试图用更加通俗的语言让大多数的普通读者能够明白这个技巧，而我今天在这里做了一个更加直截了当的介绍。因为我认为，当你并不是只打算买育儿类书籍摆放在书架上来安慰自己的时候，稍显晦涩的心理咨询技巧的介绍并不会成为你理解它的阻碍，可惜有些父母和老师购买育儿教育类的书籍只是寻求心理安慰，如果是这样，那么不管通俗或者稍显学术的书籍对他们而言都没什么区别，它们只不过都是一本放在书架上看上去挺好看的书而已。

当然，不仅仅可以用言语来表达这种情感上的重述，也可以用肢体来传递我们与他同在的情感支持。当幼小的孩子在向你诉说着充满情绪困扰的事情的时候，有经验的老师或父母会蹲下来与孩子处于同一高度，再与他对话，而非像个高大的巨人一样矗立在他面前。充满烦恼的青少年像个泄气的皮球一样把头埋在怀里瘫坐在沙发上，有经验的老师或父母会与他肩并肩地坐在一起，而非像审问他的警察一样坐在他的正对面。这一切都在向他传递着我们感知到他的情绪、愿意接纳他们情绪的信息，让他们的情绪得以自然流露并得以觉察，不淤积在心中。

4-5 静默地陪伴而非冷眼旁观

我儿子常常会有挑食的情况出现，他妈妈就和他约定，要是吃饭再挑食或者留有剩饭就要罚站10分钟。我也不太清楚这样的做法是否有利或者有害于孩子的成长，但也不觉得有明显不妥当的地方。有一天儿子真的因为挑食而被妈妈要求罚站，他站立着面对墙壁，时不时地扭动身体，做一些小动作以示内心的不情愿。老婆有些生气地让他站好，他就委屈地放声大哭，并跑着离开了罚站的地方，到了大厅继续哭。老婆这个时候并没有生气地向他咆哮"不许再哭了""做错事了还有脸哭"之类的话来要求他压制情绪，可以预期这样的咆哮只是帮助大人宣泄一下情绪而已，换来的只能是孩子更加大声的哭泣。老婆来到孩子的身边，给他递了张纸巾，待在他身边让他哭一段时间。过了一会儿等他哭得有点累了，再递给他一杯水让他喝。喝了水之后，我儿子居然自己默默地去房间里面壁罚站了10分钟，再出来告诉妈妈说："妈妈，我罚站10分钟了。"老婆这个时候摸摸他的头，赞赏地说："我的儿子长大了，懂得为自己行为负责了。"我儿子笑逐颜开，刚刚的烦恼似乎都变成了一件快乐的事情。

在气头上的时候，不管什么大道理，开始都是听不进去的，如果我们能够认识到情绪是自然存在的，不管积极或者消极情绪的表达都是对我们成长有利的事实，我们就不会急于要去控制孩子的情绪，我们只需要静默地陪伴，接纳他的哭泣，接纳他的委屈，愿意满足他情绪宣泄的需求，但同时也不会放弃对他在社会规范上的要求。自体心理学家科胡特说："不含敌意的坚持，不带诱惑的深情。"大抵就是这样吧。

当然，我们也要注意静默地陪伴并不是对孩子完全置之不理，面对儿子哭泣的情况，如果妈妈是甩手而去，完全不管他，没有待在他身边、递纸巾、递温水的做法，那更像是在向孩子传递对他的不满、放弃、冷漠，而前者则是带着温柔的坚持。

我们在陪伴孩子的时候，最可能碰到的困难是我们很难克制自己内心想做点什么的冲动。人都是自我中心的，我们很容易觉察到自己内心的需求而不是考虑到其他人。我们会想要做点什么，更多是希望自己快点脱离孩子带来的麻烦，这个时候，你又需要翻看本章的4-3小节，请觉察一下，你想做点什么，到底是想要满足孩子的需求，还是想要满足自己的需求？

还有，不要以为静默的陪伴只适合年龄小的孩子，我在咨询室里接待有明显情绪困扰的高中生来访者，常常在一开始是几乎不讲话的，有时候会像上述的例子，只是静默地陪伴，向来访者点头示意，给他递纸巾，不然也只会进行少许的开放式的问话。比如，我常常会以这样的话作为开场："今天你想从哪里开始谈起"或"接下来将给你自由表达的机会，你不用担心沉默，也不用刻意组织语言，哪怕是支离破碎的语言也是可以被接受的"。

所以，静默的陪伴和开放式的姿态，会促进孩子的表达，让他们尽量保持开放的状态，保持真实，而这是心理健康教育所提倡的模样。

4-6 警惕孩子深陷情绪的牛角尖

　　闹情绪的孩子不总是又哭又闹又喊又叫的，特别是随着年龄的增长，当他们发现哭闹的方式并不能给他们带来帮助的时候，就渐渐不再让自己的情绪外露。特别是到了中学阶段，由于缺乏生活经验和社会阅历，再加上到了青春期自我意识的迅速发展，他们常常会有过多的自我关注，深陷在自我的小世界里不可自拔，独自和情绪相抗争。而他们因为不哭不闹而显得特别"懂事"，老师家长们往往难以注意到他们已经困在自我构陷的心理牢笼之中。

　　有一个咨询室的来访者小 Q 称自己有社交恐惧，他走在路上看到同学或老师会选择绕路而行，如果实在没有办法他只能假装看不见，硬着头皮与他们擦肩而过。而最近让他十分烦恼的一件事情，居然是我的心理课。因为心理课常常要与其他同学互动，这让他感到很焦虑。他也一直鼓励自己"应该要表现得开心一点"，不然自己会看上去很奇怪。他很烦恼这种感觉，自己在人群中就像是个异类或者怪胎。

　　在咨询过程中，通过自由联想，我们可以发现小 Q 有着错综复杂的指向自己的内在语言。

　　我们发现不管是发生了积极的事：同学乙主动邀请他一起做活动；还是发生了中性的事：老师看了他一眼；或者消极的事：同学甲正眼都没看

过他。小 Q 强大的归纳能力，总是有办法把这些事情都归结为"他们应该都讨厌我"。

这种过度自我关注的现象在这个年龄阶段的孩子身上并不少见，只是没有像小 Q 如此强烈而已。

就像大多数的中学生来访者总会告诉我他的想象力、联想能力比别人要丰富，其实绝大多数人都是如此。咨询室的来访者还常常会认为自己正遭受别人从不会遭受过的痛苦，诉说着他们不被父母理解，背负着沉重的学习压力，常常和同桌产生口角，就好像整个世界上就他一个人在遭受这样的不幸，就好像他是一个特殊的受害者。有些来访者还会表示特别怀念无忧无虑的童年生活，其实童年生活并不是他们想象的那么无忧无虑，只是他们不记得了。比如，当妈妈要求孩子把糖果或者玩具分享给其他客人的时候，他们会委屈地痛哭，那种痛苦我感觉都好像不亚于高三考生高考考砸的痛苦；刚上幼儿园的小朋友有些会不愿意与父母分离，在入园的时候失声痛哭，泪流满面，而这种情况有时候会持续一个月。

所以童年时期怎么会是无忧无虑的呢？那中学毕业之后呢？你可能还要面临考研、择业、婚恋、购房、养老各种各样的压力与烦恼。我想现在你应该领悟到这样的道理——痛苦是普遍存在的，它贯穿着人的一生。明白这一点，你可能就不会再纠结为什么是我而不是别人要遭受如此苦难？也许你会认为好多人比你幸运，他们一生顺遂，为什么我不能像他们一样？我想这真是需要极大的运气，而且几乎可以肯定，他们只是表面上看上去毫无痛苦，事实却是：他们和你一样痛苦，我们都有痛苦。人人都会感到悲伤、失望、焦虑、害怕和迷惘。我们都曾有尴尬、屈辱或是羞耻的感觉。人人都有难以言说的伤痛秘密。我们习惯于露出灿烂、幸福的面容，假装事事如意，生活顺心。不再纠结这个问题也让我们腾出更多的精力去做我们认为有价值的事情。

要让孩子领悟这个理念，咨询师有时候会用到自我暴露的咨询技术。有个来访者，她长得很漂亮，标准的大美女。她向我诉说她丢脸的遭遇折磨了她很长时间，她说她有一次打扮得美美的走进班级，结果不注意看地面高低，绊了一跤，摔了个狗吃屎（她是这么形容的），她觉得特别丢脸，感觉自己的形象完全毁掉了，以至于以后每次再走进班级都会想到这次意外，感觉班里所有人都会因为这个事情而笑话她。我开玩笑地说，你是个美女，怎么把自己形容成狗了呢？然后使用了自我暴露的技术，和她说了我自己类似的遭遇。

我高中的时候，在一次语文课堂上，我想锻炼自己的演讲能力，主动举手起来回答问题，结果因为太紧张，支支吾吾，满头大汗，半天说不出话，最后语文老师很尴尬地让我坐下。当时我真的恨不得自己找个地缝钻进去，课后感觉大家好像都用奇怪的眼光看着我，好像都在嘲笑我。这件事导致我高中三年都很害怕公开演讲，变得很内向，感觉大家都会因为这件事看轻我。

后来上了大学有一次同学聚会，酒喝多了我就把这件糗事大胆地说了出来，结果没有人记得。我瞬间释怀了，觉得自己高中三年拿这件事来折磨自己真是可笑。

其实这个世界上的其他人并没有那么关注我们，只有我们最关注我们自己。我通过自我暴露，让她领悟到她有这样的遭遇，我也有这样的遭遇，她并不是一个特殊的受害者。

中学生常常会有自己是特殊受害者的错觉，是因为封闭的环境让他们无法自主去证实自己是否是特殊受害者，只能在选择性的注意和理解歪曲加工之后倾向于证实自己是特殊受害者的结论。比如，不少中学生曾经怀疑自己是否人格分裂，觉得自己有时候内向，有时候外向，有时候抑郁，有时候兴奋，有时候安静，有时候热情，其实这只是人性的许多面向，并非人格分裂。这种情况十分常见，而他们常常觉得是只有自己才这样。如果我们能多陪伴孩子（参考第七章"怎样和孩子好好聊天"），及时发现孩子存在的情绪困境，只需要直截了当地告诉他们"大多数的人都会这样""这是很常见的心理现象"，也可以和他们分享在这个章节你看到的这些道理和事例，都有可能快速地降低他们的焦虑，至少是暂时的。当然，如果家长发现自己难以给予孩子恰当的帮助，就要及时寻求专业的心理帮助。

第五章

"好好说话"：增加改变的可能性

5-1 把大道理讲得孩子能明白才行

我们常常过高地估计自己对孩子的影响力，当我们通过教育的方式与孩子发生联结，这里至少存在着两个独立的个体：一个是父母，一个是孩子。不管年纪多小的孩子，他都是一个独立的灵魂。我们常把孩子当作是自己可以随意控制的对象，大部分人都没意识到这点。你看似是一家之主，但无论你的要求多么正确，无论你多么擅长教育这件事情，只要孩子不愿意接受你的教育，那么你的所言所行就显得毫无意义。你可能没有见过，但应该会听说过这样的事情，父母把孩子往死里打，哪怕打得遍体鳞伤，孩子都不愿意配合父母的要求，一丁点儿都不愿意。即使不会抵死不从，如果孩子口是心非、阳奉阴违，你也很难发现这一点。我们应该感谢自己的孩子愿意接受我们的教育，这通常是源自于孩子对我们的信任和爱戴。只要无关法律和道德，不是伤害自己和他人的事情，我们通过"好好说话"只是增加孩子愿意做出改变的可能性，而非必然产生改变的结果，他们一直都拥有拒绝我们教育的权利。

我很少见到哪个孩子会特别乐意与父母聊天，至少在我接触的中学阶段这个年龄范围的孩子，他们都不太会主动和大人讲太多，为数不多的一些孩子与父母交流也多半是逼不得已，所以也只是默默地听着大人训话。为什么会这样？我从孩子那边得到的回答："反正说了也没什么用。"他们认为他们并不能从父母那里得到建设性的帮助。

想象一个情景，你的孩子或者你的学生找你倾诉，向你寻求帮助，他说："爸爸 / 妈妈 / 老师，我这次期中考试退步了很多，感觉自己的努力都白费，不知道接下去该怎么办。"你会如何回应呢？你可能觉得你的孩子或学生平时从不主动找你说话，更不可能会找你寻求帮助，先不管这些，用心地想象这样的情景，试着回应看看，哪怕你的孩子或学生从未问过你这个问题。

常见的回应可能是这样子的：

爸爸 / 妈妈 / 老师："最近成绩有点下滑，要多努力学习啊。现在不读书以后什么事都做不了。碰到什么困难了吗？碰到困难要告诉我们，有什么不懂的就问老师，平时回来少看电视，少玩电脑，先把作业完成了。想把学习搞好，不多花时间是不可能的。"

孩子："……"

看看以上这段对话，这位爸爸 / 妈妈 / 老师说的话大体上都没错，但似乎并不能给孩子带来什么帮助，仅仅是多花时间、不懂就问、少看电视、少玩电脑往往并不能帮助他提高学习成绩，而且这不都是孩子本来就懂得的道理吗？

这样的要求既不够具体也缺乏针对性。常见的类似的话还包括："上课专心听。""要有自己的复习计划。""没关系，找到退步的原因，继续努力就好了！""这有什么的，小小的挫折就扛不住啦。"

这些都是一般性的建议和要求，它们并没有具体到如何执行的层面，或者说给予建议和要求的人其实自己也不知道具体如何执行，这意味着这些话语的背后隐藏着的信息是我们对孩子的问题缺乏兴趣和关注，我们只是讲自己想讲的话而已。另外，当别人找我们倾诉的时候，过快地给建议往往不是明智的选择。你可能有丰富的社会阅历或教学经验，但你肯定不如孩子自己了解他自己。现代心理咨询的观点认为只有自己才是自己的专家。诚然，我们确实比孩子的阅历更为丰富，但在没了解孩子的详细情况和听取孩子的打算之前，过早地给建议很可能是缺乏建设性的。

这种教育者对受教育者不明确的要求直接带来的影响是，受教育者自己对自己的要求也不明确。我知道这一点是因为我在咨询室接待过不少另一种类型的来访者。曾经有个学生来咨询室问我说："老师，我想要期末成绩能考好一些。"我问："你有什么打算呢？""我的打算就是每天努力学习。""怎么努力学习？"学生怔住了一会儿说："就是每天好好学习，认真完成作业啊。"听到没，这位学生来访者并不知道努力学习具体该怎么做，关于学习他只知道要"努力""认真"等难以执行的空泛的自我要求。

所以，我们对孩子提的诸如此类的要求——"好好学习""你要努力""上课认真听讲""不懂就要问""今天的作业今天要完成"，都是正确的废话。关键是怎么好好学习？怎么努力？怎么认真听？要怎么问？我们可能自己都不清楚自己对孩子提的要求要怎么做到吧？模糊而又不明确的要求只会让孩子因为一次又一次达不到要求而心理受挫。

前不久看过的韩寒的一部电影里面有一句台词让我印象深刻——"从小听了很多大道理，可依旧过不好这一生。"为什么会这样呢？因为讲大道理孩子能明白才行，要过好这一生，我们需要给孩子更加具体精细的指引。

当然，在给出建议之前要充分了解孩子的详细情况，了解一下他尝试过哪些努力？未来有什么安排打算没有？需要我们什么帮助？总之，孩子才最了解自己的情况，要充分利用孩子身上已有的能力和兴趣。

另外，如果我们希望自己的建议能给孩子带来有益的改变，我们自己就要努力掌握更丰富的知识，父母要尽量以身作则，成为孩子学习的榜样。与其现在想着我要怎么去教育孩子，不如多想想我要成为什么样的人。因为你是什么样子的会影响他成为什么样子。我们一边抽烟喝酒，一边要求孩子不要这么做；我们书都懒得翻一页，却希望孩子热爱阅读，这显然会让你的要求有些缺乏说服力。

也许，你会认为自己的工作十分忙碌，年纪也大了，想要再继续学习新的知识和养成新的习惯是十分困难的。我想真正实施起来，过程可能没有大家预想的那么困难，甚至你会在和孩子共同学习和成长的过程中找到学习和分享的乐趣，说不定它并不会成为你的负担，反而变成了你休息放松的机会。

我儿子幼儿园的时候，有一次我在教他怎么搭积木，我说我是老师，你是我的儿子也是我的学生。他也学着我的语气回应我说："你也是我的学生。"我问他："我是你的学生，那你教我什么呢？"他回答："我教你怎么当爸爸呀！"

也许你会觉得教育好孩子要付出很多心血，增加好多负担，但换一个角度来看待这件事，我们也要感谢上天给我们这样一个成长的机会，让我们的生活能有所不同。卡巴金在他的正念书里有一句话让我印象深刻，他说："你可以将每一个小宝宝都视为你私人的正念老师，降临到你的生命中。他的生命和行动绝对会冲击你的心结，挑战你的信仰和局限，不断给你机会看到你的执着之处，并让你放下。每一个孩子至少是 18 年的闭关，你不可能因表现良好而获得假释。"

5-2　我们的要求和心情一样飘忽不定

我们经常对孩子提各种各样的要求，这些要求要尽量避免完全随着感觉走，我们心情好就允许他做某些事，心情不好就不允许他做同样的事。孩子做出某些行为不是因为符合规则要求，而是要看父母的脸色。这对孩子不公平，也让他们并不清楚做出这些行为的真实用意，他们可能会想，反正只要讨好父母，我就能得到许可，至于这样的行为是否会伤害到自己或他人，这并不是最重要的。

这种情况可比我们想象的要常见得多。比如，有位妈妈对自己 4 岁刚上幼儿园的小孩严格要求，每天只能看 15 分钟的电视，可有时候她正巧看到自己喜欢的电视节目想要看完再陪小孩子睡觉，这时她会改变自己的要求："等这个节目看完了再睡吧。今天表现不错，奖励你多看一会儿。"这位妈妈这么做，更多的是为了满足自己的需求而非小孩的，而且她也正在用破坏规则、伤害小孩的方式来"奖励"小孩。

再比如，一个 6 岁的小孩吃饭慢吞吞的，总要在餐桌上耗掉一个小时的时间，有一天小孩的妈妈实在受不了了，生气地对孩子说："吃快一点，不然饭菜都凉了！"孩子听见之后倒也很配合，大口大口地往自己的嘴巴里塞饭菜，妈妈这个时候又有些担心地说："吃慢一点，小心噎着了！"孩子有些不耐烦地问道："你到底要我吃快一点，还是吃慢一点？"其实这个时候，我们可能是希望孩子吃饭专心一点，而非快一点或慢一点。

据我的生活观察，在小一点的小孩身上，这种情况是很常见的，因为小孩子常常做不到大人认为的简单要求，其实这些要求对小孩而言并不是那么容易做到。在小孩面前我们强大得像童话故事中的巨人，也让我们更倾向于随着大人的心情提出控制孩子的要求，而完全忽略了孩子的感受。比如，大人在打麻将或聚会的时候，为了不受孩子的打扰尽快将他们打发走，把平时严格控制使用时间的电脑、手机、iPad 随意让孩子玩。大人允许小孩在公园的草地上又爬又滚，却不允许孩子在家里的地板上做同样的事情，可公园的草地并不见得比地板干净。

大一点的孩子可能要面临更加难以辨别的来自父母的飘忽不定的要求，这些要求有时候并不具体且极具隐蔽性。比如，有不少中学生在经过多年努力学习之后，仍然十分困惑——到底学习有什么意义？他们常常持有这样的观点，书本里学的知识除了用来考试之外，不管是在现在还是未来好像都用不上，并因此丧失了学习动力。他们的困惑和混乱常常来自于他们父母的影响，有一部分来访者表示，他们的父母常常告诉他们学习很重要，不读书以后就没办法在社会上立足，可同样是这些父母，又偶尔会在不经意间在他们面前感叹，现在大学生毕业工作都还很难找，花那么多钱念书有什么用。这种来自父母的隐性的混乱的困惑，在不经意间传递到孩子身上。没有厘清这个价值要求，孩子只能在混乱中迷失方向，失去前进的动力。

5-3 别把最优秀的标准当作是常态要求

小彤今年 6 岁了，他因为和其他小朋友争夺玩具被打了一拳，便放声大哭，他的妈妈看到了说："别哭了，轻轻打一下有什么好哭的？"听到了妈妈的话，小彤的哭声小了一些，但看上去似乎还会持续一会儿，并没有立即停止。失去耐心的妈妈开始感到厌烦："我让你别哭了，你没听到吗？"话音刚落，小彤哭声反而更大了。

我们可以看到小彤并不是不想停止哭泣，他尝试着把哭声变小一点，但在妈妈眼里被轻轻打一下是没什么大不了的，也想当然地认为一个人想要不哭就能马上不哭。这个妈妈很明显已经忘记了她孩童时期的经历，也对心理学并不了解，哭泣往往是没有办法马上停止的，哭泣的背后是内心情绪的产生，情绪的产生不单纯只是心理活动，还是一系列复杂的生理唤醒，包括内分泌的活动、荷尔蒙的产生、心跳的改变等等。我们也许能快速地改变认知，但是并没有办法按自己的意愿控制生理唤醒的消退。不信你可以现在试试看能不能控制自己的心跳减慢一些，或者尝试让自己产生更多的多巴胺和内啡肽以让自己兴奋和开心，很显然没有人做得到，只能等待情绪自然消退。我们对小孩提了一个大人都做不到的要求。现代科技的飞速进步让我们感觉可以控制很多东西，遥控一按就可以打开或关闭电视和空调，油门刹车一踩就可以加快或放慢行驶速度，我们对待孩子更像是在对待一个声控式的收音机，仿佛我们可以用声音来给收音机换台或者是打开关闭。

既然哭是没有办法立刻停止的，这个时候妈妈更像是为了快点解决自己被哭泣吵得头昏脑涨的麻烦，从而对孩子提了一个超出他能力范围的要求。这样的要求是毫无意义甚至会带来更多麻烦的。小孩因为达不到要求，心理受挫，自责情绪加重，哭泣更加停不下来。

小学三年级以前的学生可能很难保持20分钟以上时间的注意力集中，可学校一节课的时间是45分钟，这很容易让老师误以为学生集中45分钟时间的注意力是正常的，难以保持一节课的注意力的学生很容易就会被贴上注意力缺陷的标签，这些小学生的家长们常常会担忧地向我询问，他的孩子上课很难集中注意力听课，是不是多动症？可是关于"怀疑孩子是多动症"的情况到了初中就几乎没听说过，难道是这些父母老师眼中注意力难以集中，高度怀疑是"多动症"的孩子都不上初中了吗？我们国家可是九年义务教育，显然，没什么意外，他们都上了中学。只是以前在小学的时候我们用大人的标准来要求孩子，而到了中学之后他们已经在生理、心理上发育成熟，足够达到大人们对他们在注意力方面的要求。其实也不见得就真是如此，他们也很可能只是变得越来越沉默，越来越擅长伪装成大人们喜欢看到的注意力很集中的样子而已。

把最优秀的标准当作是平均标准在中国的文化环境中是很常见的社会现象，那些因为考试失利心理受挫来咨询室寻求帮助的学生常常对自己的考试成绩有极高的要求，而且他们认为这是自己应该要做到的。假如他们在历次的考试中年级名次分别为：60名、80名、40名、50名，虽然成绩会有上下波动的情况，但他们往往会认为考到年级40名是自己的正常水平，而很少人会想到这也许是他们超常发挥的水平。把自己发挥最好的那次当成是自己的真实实力水平，这是"考试失利"给他们带来心理问题的主要原因之一。

这种现象在学校里并不仅仅只出现在考试的情况下，学生大多数对自己的要求是极为苛刻的，这几年我已经在咨询室碰到几十例这样的学生，他们说自己学习成绩很不理想，而且也没有一技之长，其他的同班同学好像都不怎么需要努力就可以取得好成绩，而且多才多艺。当我问他们，其他不怎么需要努力就考好的同学指的是谁？他们班级里面多才多艺的同学又是谁？他们却很难说出超过 3 个同学的名字，我几乎没有见过能说出超过 5 个名字的来访者，而一个班级的人数至少在 50 人以上，这些他们眼中卓越的其他同学们其实只占所有人的 1/10 都不到。我们把最优秀的那群人当成是"所有人"，我们把最优秀的标准当作是平均标准，仿佛自己不是最优秀的人，就是最失败的人。

这个跟他们从成人世界里学习来的价值观是息息相关的，就像我在第一章里提到有个老师这么告诉学生："我们都知道第一个登上月球的是阿姆斯特朗，但是有谁记得第二个登上月球的人是谁？不记得，因为第一名是成功，第二名就意味着默默无闻。"这个老师对学生提的要求是不是极其地苛刻呢？这种来自权威地位的老师的话听上去很有道理（其实极具偏见），很容易就被学生内化成自己对自己的价值要求。

我儿子上小学一年级期中考试成绩公布那天我去接他的时候，我看到有一个妈妈问他儿子考了几分，小孩拿着考卷非常兴奋地告诉妈妈："妈妈，我考了 99 分！"他的妈妈却语气平淡地回复说："真是的，这有什么好兴奋的？还没考满分呢！你看看 ××× 两科都考了 100 分。"我看到孩子

121

兴奋的表情一下子就消失无踪。大人在不经意之间把苛刻的要求传递给了孩子。其实差那一分，真的没有本质上的差别。

有一个女生在高二的时候就时常担忧高考考不好，在周记里向老师倾诉了自己的忧愁，结果得到的老师的回复是："高考就是这么残酷。"这位老师并无恶意，只是他自己心中都认为高考足以决定人生命运，仿佛考不上大学人生就极可能会一败涂地。这是很荒谬并经不起推敲的想法，可老师父母学生们就这么不加以辩驳地代代相传下来，因为这种想法太常见了，常见到我们都不会有想要去重新审视它的念头。这种想法直至现在仍然非常流行，从每到高考的季节就会被高高悬挂在教学楼最显眼地方的高考标语可以看出来——"流血流汗不流泪，掉皮掉肉不掉队""提高一分，干掉千人""生时何必久睡，死后必定长眠""不苦不累，高三无味，不拼不博，人生白活"……我们的文化把苛求自己当成一种美德。于是学校的咨询室又多了一类来访者，他们很健谈，乐于分享，只有在谈及自己都高三了还没有像大多数同学一样充满压力感，怀疑自己是不是不太正常时，脸上才展现出一丝愁容和些许忧虑。高三的快乐、休息、放松变成了一种罪恶。

当我们对孩子提出的要求已经超出了他们的能力范围，这注定将是一个挫败的结果，我们因为孩子无法达到要求而生气，孩子也因为自己无法满足我们提出的要求而心理挫败，更糟糕的是我们与孩子之间的情感关系跟挫败、委屈、愤怒这些负面的感觉联系在了一起。

5-4 不以"爱"的名义限制孩子的自由

如果我说孩子都应该从小接受规矩的约束，我想你们都会同意；如果我说孩子要从小慢慢让他独立自由，我想你们也不会反对。先不谈怎么让小孩接受规矩或学会独立，我们首先常常分不清楚什么时候应该约束小孩的言行，什么时候应该将自由还给小孩。

多年以来对学校教育过于应试的批评声从未间断过，批评者来自社会各界，因为几乎所有人都曾经接受过学校教育，或者自己的子女正在或曾经接受过学校教育，特别是孩子的父母，他们常常会觉得自己对教育相当了解，因而更有底气评头论足。当然，人们有言论自由，只是有些言论显得过于自信了一点。我们在控诉应试教育的时候，其实是在控诉什么呢？更进一步而言，是在控诉应试教育对孩子成长的束缚，希望还给孩子更多成长的自由和空间。可是当我们真的给了孩子更多自由和空间的时候，不知道父母做好准备了没有？

我记得有一年，地区为了贯彻素质教育的思想，初中取消了晚自习，当时消息一公布皆大欢喜，老师高兴，学生也高兴，家长一开始也没什么意见。可是实行了不超过一个礼拜的时间，就开始有不少家长请求学校重新恢复晚自习，因为孩子在家里，他们根本不知道怎么引导孩子利用晚上的时间，有些家长甚至从未想过要陪伴小孩，他们希望孩子恢复晚自习的原因是孩子在家占用了他们的时间，他们有的晚上需要加班，有的自己想要看电视，有的想要外出与朋友聚会、喝酒或者打麻将。所以，后来越来越多的家长申请让孩子来学校晚自习，几乎所有的学生都回到学校晚自习。最终禁令取消，晚自习重新恢复。

我们都知道孩子的成长需要约束也需要自由，但我们并不确切地知道怎么对其约束，怎么还其自由。不仅父母不知道，有些老师也是如此。

我们学校有几十个学生社团，每学年一开学的纳新活动总是社团活动开展最热烈的阶段，绝大多数的学生会加入社团，但是过了一段时间之后，社团的成员会慢慢地流失。原因有很多，其中一个是被老师或者父母要求不能参加社团活动，因为他们认为这并没有什么用处，而且还会影响学习，哪怕只是可能影响学习，他们也认为没有必要冒这样的风险。很明显，老师和父母并不认为孩子有参加社团活动的自由，他们做出约束孩子的举动大概是认为他们有禁止孩子参加社团活动的权利，是因为孩子做出了伤害自己的行为（影响学习成绩），但这个想法并不见得是绝对正确的。我自己也带学生社团，就我个人观察，我们心理社团历年来的社长 60% 考上了一本高校，100% 考上二本以上高校。我并不认为参加社团活动会和学习活动相冲突，当然，我们也可以本着"科学"的精神怀疑如果没有参加社团也许他们可以考上更好的大学，但人生并不能重复性验证。在我们没有确凿证据证明我们的结论的时候，最好不要轻易地剥夺孩子体验丰富社团生活的机会，更不要扼杀他们探索更大世界的欲望。

年幼的孩子更是容易被以"爱"的名义剥夺自由，比如，不允许孩子跟某些小朋友在一起玩；出行时小孩想带上自己的玩具被禁止；孩子想要先做作业再洗澡被父母拒绝，强硬要求孩子先洗澡再做作业……

我们会给孩子这么多的约束，并不是因为我们否认孩子拥有自由选择的能力和权利，而是因为我们常常分不太清楚什么时候该给孩子自由，什么时候该给孩子约束。

有一段祈祷文让我印象深刻，它说："愿我能拥有平静的心，让我接受我不能改变的事情；愿我能拥有勇气，让我改变我能改变的事情；愿我能拥有智慧，让我明辨这两者之间的区别。"平静和勇气并不难拥有，难的是拥有智慧。

这种区分该约束言行还是给予自由的智慧体现的是对孩子适宜的爱。

5-5 适宜的爱是什么?

　　当我们在谈论"适宜的爱"的时候,我们到底在谈论什么? 如果我们连"适宜的爱"是什么都不知道,我们怎么做到"给孩子适宜的爱"?

　　请大家想象几个情景:当一家人一起出去春游的时候,孩子想带上硕大而累赘的玩具,你会允许他带上吗? 当在逛超市的时候,孩子突然想买一个新的玩具,你会买吗? 周末在家的时候,孩子要求看动画片,你会给他看吗? (请各位家长试着回答这几个问题)

　　如果你的回答是肯定的,这样的爱似乎有些泛滥;如果你的回答是否定的,这样的爱又显得过于苛刻。你是不是有些茫然失措,更搞不懂什么是"适宜的爱"?

　　随着现代物质生活越来越富足,父母给予小孩满满的关爱,但常常也警惕自己要有所节制,不能太过宠爱孩子。在这样的背景之下,做父母的常常会矫枉过正,信奉了某些"教育观念"——"小孩子就是要对他严格一点""有时候还要打一下""小孩不能宠坏了""父母就是要一个扮黑脸,一个扮白脸",这些都是因偶尔有效而被你提升到"教育真理"的高度的做法。

　　其实,脱离教育情境谈教育手段,都是本末倒置的。例如,"对小孩严格一点"这句话看似没错,但并不适用所有的情况。回到前面问大家的问题，我挑选其中一件发生在我们家的真实事件，这件事在前一章我曾经提到过，我想在这里重新提一下，因为这个例子很常见，也特别适合说明这个问题。有一次我们家人一起外出，儿子要带上一只变形金刚机器人，他问："妈妈我可以带上'铁皮'在车上玩吗？"老婆："不行，你总是乱丢，到时候零件掉了又找不到，我们还要帮你收拾。"儿子就开始不开心了，看到儿子不开心，老婆也跟着要发脾气了。你们觉得老婆对孩子这样的爱适宜吗？

老婆看上去义正词严，理由充分。其实仔细一想，老婆拒绝儿子带上玩具，到底是在满足她的需求，还是在满足孩子的需求？可能只是她自己觉得麻烦，怕弄丢了而已。让孩子带上玩具本来也可以是一件开心的事情，也是一次孩子成长的机会。

剥夺了孩子选择的自由，这样对孩子的爱叫限制的爱。显而易见，限制的爱 ≠ 适宜的爱。

知道了适宜的爱不是什么，我们再来谈谈适宜的爱是什么。我是一名高中的心理老师，在心理咨询室偶尔会有烦恼的家长来访，他们常常和我反映类似的困扰："我儿子整天跟一些学习不好的人一起玩，说他他又不听。""蔡老师，你能不能帮我劝说一下，让我孩子不要再去参加社团活动了，怕影响学习。"碰到这样的父母，我会与他们分享我的观点——任何人都不能以爱的名义去限制他人自由，朋友、爱人、父母都不行。只有以下情况才必须限制，就是他人做了违法犯罪或不道德或伤害自己和他人的事。对高中生是这样，对幼儿园的小朋友也是如此。

再回到带玩具这件事，当时我就打断了妈妈和儿子的对峙，我告诉儿子："你可以带，但要自己照顾好。"因为这是他的玩具，他有带上自己玩具的自由，但又不能给别人添麻烦（伤害他人），所以我还告知他要自己照顾好。我用孩子能够理解的语言，告诉了他这个道理。

有位妈妈和我讲述她与儿子的故事，有一天她带着儿子到超市购买日常用品的时候，儿子突然看到一个很喜欢的玩具，硬是要妈妈帮他买，甚至哭闹着说："不给我买，我就再也不理你了。"她是这样回答的："儿子，妈妈还是不会给你买玩具，但是即使你不理我，妈妈仍然还爱你。"我想这就是适宜的爱。

我们来做几个判断，看孩子的哪些行为需要被限制，哪些行为可以被允许，在相应的选项上打钩，并说明理由。

1. 刚学会走路没多久的 2 周岁的孩子总喜欢穿着妈妈的高跟鞋到处跑。

（限制 允许）因为_____

2. 3 岁的孩子坐在客厅的地板上玩玩具。

（限制 允许）因为_____

3. 家里已经有一堆玩具的 5 岁小孩在逛超市的时候要求妈妈给他买新的玩具。

（限制 允许）因为_____

4. 6 岁的幼儿园的小孩并不愿意把玩具分享给其他来家里玩的小朋友。

（限制 允许）因为_____

5. 初二年级的学生每次回家总是边看电视边做作业。

（限制 允许）因为_____

6. 高二的成绩不太理想的学生想要参加社团活动。

（限制 允许）因为_____

你可能会发现哪怕按照我们章节所说的标准，以上的题目也很难做出判断，其实这些题目也没有一个标准的答案。自由和限制有时候并不是那么界限分明，有时候允许和限制可能都是可以的选择，重要的是如果你允许孩子这么做，你就必须要确保他的安全；如果你限制了孩子这么做，你就需要知道怎么对孩子提要求。

5-6 怎么好好地对孩子提要求

经过这一章前面部分的综合分析，要对孩子提要求，我总结出了这三个操作的基本原则：

1.认知：任何人都不能以爱的名义去限制他人自由，朋友、爱人、父母都不行。只有以下情况你必须被限制，就是你做了违法犯罪或不道德或伤害自己和他人的事。

2.情感：没有敌意的坚持，不含诱惑的深情。

3.行为：明确的行为要求。

我举一个典型的案例来说明这些原则具体怎么实行，我们来看看面对同一情景，不同的提要求的方式具体区别在哪里。

晚上到了洗澡的时间，孩子还在玩玩具——

回应1："别玩了，快来洗澡，爸爸/妈妈还有很多事情要忙了。"——是你让我忙不过来，包含敌意。

回应2："孩子你要洗澡了吗？"——洗不洗澡听上去像是可以选择的，伤害自己（不讲卫生）的行为界限没有界定清楚。

回应3："你怎么那么贪玩？快来洗澡。"——你不好你贪玩，评价性的语言包含敌意。

回应4：瞪眼睛，声音高而短促地说："时间到了，快来洗澡。"——

身体语言包含生气的敌对情绪。

回应5："时间到了，快来洗澡，爸爸／妈妈明天就带你去看电影。"——包含诱惑的因素，让孩子不明确洗澡的原因，社会化规则无法内化。

回应6：语气缓和，温柔而坚定地告诉孩子："时间到了，来洗澡了。"——没有评价、没有诱惑、不含敌意、明确界限。

孩子不愿意放下手中的玩具，说："我想再玩一会儿嘛。"

爸爸／妈妈："必须要洗澡了，把身上细菌洗掉了我们才不会生病。到了睡觉时间了，睡眠充足身体才会健康。我和你一起把玩具收起来吧。"——没有敌意的坚持，说明原因，内化规则界限。

我们再针对以上六种提要求的方式逐一分析它们可能带来的影响。

回应1的可能影响：包含敌意的话语，影响孩子的情绪，破坏亲子关系。

回应2的可能影响：模棱两可的语言，让孩子不清楚界限，社会化过程受阻，无法养成良好的行为习惯。

回应3的可能影响：评价性的语言会导致标签效应，负面的评价也加重了敌意。

回应4的可能影响：敌对情绪不仅来自说话的内容，还有可能来自于身体语言的传达。

回应5的可能影响：包含外部诱惑的因素，让孩子不明确这样做的原因是什么，社会化规则无法被内化。

回应6的可能影响：用语气缓和、温柔而坚定的方式表达，它的特点包括：①不带评价性；②不含敌意；③原因清晰；④要求明确的内容。

也许你会担心只是简单地向孩子提要求根本起不了什么作用，要是对方就是不听话也不配合怎么办呢？我想我们首先可以先反思一下我们对孩子的要求是不是一定要这么绝对严格地被执行，像上面提到的关于孩子洗澡的例子，孩子还在玩玩具，是不是可以给他点时间把玩具玩尽兴了并收拾好了再来洗澡，而不是一定要在我们话音刚落，孩子立马三步并作两步地来到大人面前报到。其实绝对化的要求常常是大人为了满足自己的需求，希望快一点把给孩子洗澡的任务完成，让自己有更多空闲时间，而没有考虑到小孩也有很多自己认为重要的事情要"忙"，例如，玩玩具、看电视、听故事、看书等等，只是这些事在大人眼里觉得不重要而已。

我的小孩在家里看动画片的时候，他的爷爷奶奶常常会和他约定每次看电视的时间不能超过 30 分钟，可是常常因为到了 30 分钟刚好有一集动画刚看了一半，小孩常常会要求延长时间，大人如果严格执行约定并强硬把电视关掉，本来愉悦的观看电视的时间就会变成令人烦恼的事情，孩子会因为电视没看完而反抗甚至哭闹。大人们往往无法理解孩子为什么会有这样的行为，明明已经事先约定好时间，自己违反约定还又哭又闹，于是更加生气并强硬地拒绝其看完电视的要求。其实孩子这样的心理并不难理解，假如我们去电影院里观看电影，电影票上显示的片长时间是 2 个小时，结果到了 1 小时 45 分钟故事即将结局的时候电影被掐断了，这个时候你会是什么心情？我们都会有想要去完成未完成事件以让自己经验圆满的倾向，一件事情没有完成，它就会时常冒出来牵引着我们的注意力，就像我们看电视剧的时候，总是忍不住一集接着一集看下去，甚至有时候还会熬夜直到看到电视剧的结局。

所以，后来我们变成要求孩子看动画的时长为一集，不管一集的时间多长，看完就关掉电视。可是后来操作上又碰到了麻烦，有时候打开电视，动画正好播到一半，动画结束的时候时间才刚过去 5 分钟，孩子肯定会要求观看更长时间，这样不管时间多长，观看一集就关掉电视的规定就无法执行。这之后，我们又调整了观看电视的要求，这次我们不再看电视台直播，而是改为观看在线播放的动画，这样我们就可以随时都从头开始看动画，而且我们还可以自己挑选合适时长的动画。所以，要让孩子配合要求，不仅需要基本原则的操作，还需要更多细节上的考量。

儿子在幼儿园的时候，我还会帮他洗澡，但已经尝试让他自己做一点事情，例如，让他自己脱掉衣服放到洗衣桶里。有一天晚上，我正在阳台晾衣服，到了洗澡的时间，我对他说："要洗澡了，你可以先把衣服脱掉了。"他一边玩着玩具一边说："等一下。"我就没有再说话，而是隔了一小段时间（2 分钟左右），不带焦躁情绪，理性明确地再次对他提要求："衣服要脱掉喽。"他又回应："好的，马上好。"我没有催促他，又等了 2 分钟后简洁明了地对他提要求："要脱掉衣服洗澡喽。"这个时候他终于放下玩具，快速地脱好衣服准备开始洗澡了。所以，有很多时候并不是孩子不愿意配合要求，我们可能需要多一点耐心，这耐心并不太需要我们付出多大的代价，我对儿子提了 3 次要求所花的时间也不过才 6 分钟左右。许多人很怀疑这么简单的固定间隔时间重复要求的方法是否能奏效，确实这个方法也很可能毫无作用，这取决于你与孩子之间的情感关系，如果亲子关系是敌对的关系，那么只要你一提要求，孩子都可能瞬间被激起敌意而开始感到厌烦。另外，这个方法不能起作用的原因还可能是，我们提要求的时间间隔过短让孩子感觉自己的活动频繁地被打断，或者也可能是我们没有用坚定而缓和的语气将理性的要求传达给孩子，不自觉地用焦躁的口吻或责备的措辞向孩子提要求，也有可能我们需要提 4 次或者 5 次要求的时候，孩子才开始行动，那也不过意味着我们要多"浪费"2分钟或4分钟而已，并非生活将被毁掉，世界行将末日。

当然，也许你有更讨巧、更艺术地提要求的方法，但是我相信大多数的父母（包括我）并没有那么机智灵活，用这个笨拙的方法也好过于冲着孩子发脾气。我把这个方法称作三段式要求法，因为通常在三遍以内，孩子就很可能会配合我们的要求。当然，你还要考虑到孩子的认知发展水平，你总不能用这种方法来"对付"自控力和认知力水平还很难通过口头要求就会主动配合的未满周岁的小孩。

我在书中举了不少我和儿子互动的事例，看上去都是"成功"的案例，这只是为了方便阐述观点而节选的生活片段，就好像一个打了10个赛季，场均数据只有3分3板的NBA板凳末端球员也能够剪辑一段精彩集锦，在集锦中看上去他无所不能。对于我也是如此，在书中我看上去似乎无所不能，我想提醒大家的是，不要迷信权威，我只是一个普通人，而我在书中所说的一切也都是普通人能够做到的事情。

最后，你也应该谨记，其他人的想法不可能总是和我们保持一致，哪怕是每天和我们几乎形影不离的孩子。你想要改变他人的行为，也要考虑到他人的意愿，同理，你想要改变孩子的行为，也要考虑到孩子的意愿。孩子和你的同事、朋友、陌生人都是你思想、身体之外的其他人，一个独立的个体，如果你会尊重你同事、朋友、陌生人，那么你也应该在对孩子提出要求之前考虑一下，这个要求是不是绝对要做？是不是该给他自由选择的权利？

5-7 严格而非严厉地向孩子提要求

　　我们在教育孩子的过程当中常常会陷入思绪混乱的境地，一方面担心过于严厉会对孩子的心灵造成创伤，另一方面又担心过于宽容反而骄纵了孩子。但无可否认的是孩子必须要接受某些社会规则和生活秩序以适应环境，这有时候与孩子的本能冲动相冲突。此时我们就必须要严格地要求孩子遵守秩序和规则，但严格并非严厉。当我们坚定地告诉孩子"早上要准时起床"并监督执行，这叫严格。当我们声色俱厉地警告孩子"早上再不准时起床，看我怎么收拾你"并在孩子没准时起床时体罚孩子，这叫作严厉。我会赞同在孩子违反行为规范的时候采取适当的惩罚措施，但并非用体罚的方式。同样会给孩子带来暂时的痛苦，体罚会达到伤害孩子身心或破坏亲子关系的程度，但惩罚不会。如果你还是不太明白体罚和惩罚之间的区别，你可以先接着往下看，看完这小节之后再回过头来思考这个问题。

　　我虽然写了这本书，但并非说明我的教育经历是完美无缺的，我也犯过许多错误，走过许多弯路。我还蛮尊重小孩的，我自己也有孩子，但有时候会显得对他过于宠爱，有时候还会有点好好先生的样子，这确实导致他没有养成一些好的习惯，特别是饮食卫生和生活起居方面的习惯。当儿子已经 6 周岁了，孩子他妈再也忍受不了他吃饭总是要留碗底的坏习惯，冲我发牢骚，说是我太宠他了！我们其实已经为此争论过几次。看着餐桌已经沦为家庭的战场，我也发觉自己确实过于纵容他了，我决定做出一些改变。

再接下去的晚餐，我们还是按照平时的饭量给他盛饭，我甚至刻意少盛了一些，但他碗里还是剩下一两口就能吃完的饭菜，我用非常平静而坚定的口吻告诉儿子："你必须把饭吃完，不然这会造成粮食的浪费，吃得太少也让你没有足够的营养。"我不仅对他提出了要求，还说明提出要求的原因。

他很厌烦地告诉我："我不要！就是不要吃完。"

我再次用平静而又坚定的语气告诉他："要吃完噢，我们不希望你养成浪费粮食的习惯。"

他试图要离开餐桌，我拦住了他，我比他强壮得多，他并没有办法通过我的阻挡，我再次用温柔而又坚定的语气告诉他："儿子，你还没吃完饭，我不能让你离开。"

他生气地回到座位上，嘴巴嘟囔着："反正我就是不吃。"

我在旁边摸摸他的头，继续告诉他："快吃吧，不然饭菜要凉了。"之后就进入长时间的僵持期，大概过了 15 分钟，在这个过程中，我内心其实也有相当多的纠结，他要是一直坚持不吃我该怎么办？我感觉这 15 分钟就像过了好几个小时一样煎熬。无论如何，我需要更多的耐心，良好的教育对待方式一定比简单粗暴的教育对待方式更耗时耗力，我这样安慰着自己。

我告诉他："饭都凉了，我帮你热一下吧。"

然后我帮他热了下饭，再递到他面前，继续用温柔而又坚定的语气告诉他："帮你热好了，快吃吧，要配什么菜我帮你夹。"

这个时候，他终于动筷了，虽然看上去有点不大情愿，不过最终还是把饭菜都吃光了。我松了一口气，告诉他："你说你吃不下，结果你吃了更多，把饭吃完并没有那么难，不是吗？"我本来都已经做好打持久战的心理准备了，想着接下来这几天可能都要继续按照这样严格而非严厉的方式要求他，可没想到他从第二天开始就不再有剩饭了。

当然，我们并非是要剥夺孩子自主选择的权利，如果他有充分的理由吃不完饭，也是可以被允许的，比如孩子生病了胃口不好，或者他确实不喜欢吃某样菜。吃饭总要留碗底的习惯也说明了我的孩子并没有很享受吃饭这个事情，总想着提前结束吃饭这个"任务"。在改变"吃饭留碗底"的表面症状之后，我们还需要更进一步考虑怎么帮孩子设置更合理的饮食安排，做更适合孩子胃口的饭菜。说实话，这方面我接近一无所知，一个好的厨师说不定比心理老师还能更好地解决吃饭留碗底的"坏"习惯。另外，透过这个问题，我们也发现了情境的影响力：当我们在吃饭的时候，电视是开着的，周围有一群小朋友在玩，那么他就很难专心地吃饭，就更可能出现"吃饭留碗底"的"症状"。那么我们除了严格要求之外，还需要改变吃饭的情境，例如把电视关掉，请小朋友不要在用餐时间在餐厅玩耍等。关于如何通过"情境"来改变人，我们到本章后面的部分再谈。这提醒我们，教育是关于人的教育，只要是人，不管是大人还是小孩，都存在着复杂的身心活动，教育问题通常都有复杂成因，在教育情境之中，我们很难有某一种一试就灵、药到病除的神奇方法，包括我现在谈论的这个方法。

还有一些办法对于促进孩子的改变会有帮助，我们可以从孩子抗拒吃完碗里的饭菜的行为当中发现孩子的逆反心理，很显然他觉得他是被逼迫吃饭的，这并非他自己愿意做的事情，也就是他没把吃饭当作是自己的事，而是大人的事。从这一点上看来，我们可以试着让他获得吃饭的自主感来激发他吃饭的内在动机。比如，让他自己盛饭，让他参与到做菜的过程当中，我们曾尝试让他自己做一道比较简单的醋腌黄瓜，同时也尽量不在用餐前吃零食，让他在餐前保持饥饿的感觉，有更多主动吃饭的意愿。这一切都在试着激发他的内在动机，让吃饭变成是他自己的事，而不仅仅是大人的事。对于如何激发内在动机这个话题，我们会在第六章继续详细展开谈，如果你感兴趣，可以先跳到相应章节阅读，这里就不再赘言了。

我们会把"吃饭留碗底"这件事看成是一个需要解决的问题，除了因为这样的行为浪费粮食之外，还因为我们发现他中午在学校吃饭从来不会留碗底。年纪小的孩子当然比较缺乏自控力，除此之外，他们还带有明显的自我中心倾向，凡事必先考虑行为的后果是否能满足自己的需要，不能兼顾行为后果是否符合社会习俗或社会规范的问题。按照科尔伯格的道德六阶段理论（感兴趣的读者可以自行查看任意一本《儿童发展心理学》），这个年龄阶段（大概 9 周岁以前）的小孩还处在前道德水平，他们认为他们遵守规则是为了避免惩罚。简单讲，就是在家里，我们没有对他的用餐习惯有严格要求，只是跟他说这样做浪费粮食是没有用的，因为他并不会因为"吃饭留碗底"而受到惩罚，于是就不会遵守这样的规则。但在学校会被老师惩罚，于是他在学校就会遵守"吃饭不留碗底"的规则了。所以这个年纪的小孩即使已经听到了我们讲的道理，也能复述我们的说法，但他们并未真正明白。所以光讲道理没有用，还需要有严格的要求，必要时还需要一些惩罚措施。当然，不能只剩下要求和惩罚措施，道理还是要讲的，因为在这里我们不是要把孩子教育成听话的小孩，而是要把孩子教育成为一个道德健康的人，虽然我们并不确切地知道他们在什么时候会明白，但我们知道他们总有一天会明白。

可能有些人会认为，其实"吃饭留碗底"除了有点浪费粮食之外，并非什么大不了的事情，吃不完大人就帮忙吃完不就不会浪费粮食了吗？何必浪费精力去纠正这一点？还会给大人小孩都带来麻烦和痛苦。可是当孩子身边所有的人，包括妈妈、爷爷、奶奶都这么要求的时候，你跳出来反对这么做，这是在制造孩子和其他的家人以及你和其他的家人的敌对状况。"吃饭留碗底"这事本身并不会对孩子造成什么实质性的负面影响，真正有影响力的是由此而被伤害到的亲子或家人之间的情感关系。从这里我们也可以看到，社会文化或者说我们人类虚构的"习惯"对人类的心理健康的影响力，并非这件事本身能有多大影响。人类生活在某个社会群体之中，你必然会深受该社会群体习俗文化、生活习惯的影响。

再回到"严格而非严厉"这个话题上来。有些人可能会觉得，家长能够不以严厉手段要求孩子只是因为他年龄还很小，没有强壮的体魄来强硬地与你对抗。实际上并非如此，只要你和孩子有一定的情感基础，并且是发自内心为他着想，剩下的就只需要足够的耐心就好了。

我在当心理老师之前当过几年班主任，曾经有一个学生在班级十分调皮捣蛋，而且十分叛逆，和其他的科任老师关系都不太好，但对我态度就要缓和许多。有一次他又和科任老师在课堂上发生冲突，上课睡觉，老师提醒他，他还顶撞老师，我刚好路过班级看到，赶紧把他请出教室，他扬言以后这位老师的课他都要闹到他上不下去。我知道按照他以往的品行，他确实有可能真的"兑现"他的"诺言"。我提醒他：你这样不仅影响了老师上课，还影响了其他同学听课，哪怕你生老师的气，其他同学也是无辜的。他冷冷地抛出一句：我不管，他凭什么这么对我？之后就是我不停地对他劝告，并且非常明确地告诉他：如果你不能答应我不在课堂上顶撞老师，我就不能放你回教室，但是我也不能让你独自待在外面，你跟着我一起去上课吧。

就这样我带着他到各个班级去上课（因为我当时教思想品德课，教的班级很多），他坐在班级的后面听课，每次下课我就把他一起叫到年级室坐着聊天，也不说上课学习的事情，就是闲聊，他看上去也挺放松的，我们之间的聊天还算愉快。就这样跟着我上了三个班级的课，他告诉我："老师，我答应你不在课堂上捣乱了。"我很高兴地说："很好，我知道你还是懂得体谅他人的。"我放他回了班级，他真的遵守诺言课堂上没再掀起什么大风大浪。

这是一个初二的学生，他可完全有体力和我对抗。但是我非常严格同时也非常友善，友善是为了照顾好我和他之间的情感关系，严格是为了让他能够遵守纪律规则。

我们需要谨记，心理上的伤害并不是我们对他们提要求时的坚持所带来的，而是我们对他们提要求时所夹杂着的负面情绪所带来的。所以担心过于坚持给孩子带来心理上的创伤是完全没必要的。特别是年幼儿童的家长，因为他们的坚持令孩子表现出强烈的反抗、剧烈的哭闹，让他们十分担心这会不会给孩子带来心灵上的创伤。

最近有一位焦虑的妈妈来咨询，她说："我的孩子一上幼儿园就又哭又闹好长时间了，回来我一直劝说一直哄他都没有用，该怎么办？"我是中学的心理老师，虽然我对学前儿童并不十分了解，但是教育原理都是相通的。我通常会给碰到这样困扰的家长建议：情绪平稳但又十分坚定地用最简短易懂的语言告知孩子，一定要去上学。担心孩子会留下心理伤害很可能是不必要的，长时间地与孩子进行拉锯战、讨价还价不也会对孩子心理造成影响？哪怕有些心理的小创伤，这也是所有人的人生都难以避免的。与其想着避免倒不如接纳它，然后做有意义的事情——适应社会规则，我们只要保障孩子的人身安全就好了，在家里也不必再和孩子讨论要不要上幼儿园这件事，因为这件事是无须讨论的。平时在家里，该怎么做就怎么做，同时尽可能地让孩子保持身心愉悦、情绪良好。因为伤害人的不是规则，而是情绪。当你对孩子提的要求带着恐惧、焦虑、痛苦的信息的时候，它就会伤人；当你对孩子提的要求带着平静、温柔、和善的信息的时候，它就不会伤人。

以上的做法并非纯粹来源于我的教育经验，美国心理学家鲍姆林德早在上世纪 60 年代就提出家庭教养模式的理论框架："她把父母的教养方式分成两个维度，其中一个是父母对待儿童的情感态度，这个维度的两端分别是接受——拒绝；另外一个是父母对儿童的要求和控制程度，这个维度的两端是控制——容许。在情感维度的接受一端的家长表现为对孩子关爱、肯定、耐心的态度；而在情感维度的拒绝端的家长则表现为对孩子冷漠、排斥、拒绝的态度；在控制程度维度的控制端的家长表现为对孩子高要求，并要求他们努力达到要求；在容许端的家长则表现为纵容放任孩子，对孩子缺乏管教。"根据这两个维度的不同组合，可以形成四种教养方式：严格型（接受＋控制）、独裁型（拒绝＋控制）、放纵型（接受＋容许）和忽视型（拒绝＋容许）。

根据鲍姆林德的观点，接受＋控制的严格型是最理想的父母教养方式，这种在情感上偏向接纳孩子且要求严格的方式被认为对孩子成长有积极的影响，这种教养模式下的孩子有较好的归属感和亲密感，也更善于自我控制和解决问题。

我前面分享的严格而非严厉的教养方式正是符合鲍姆林德的严格型的家庭教养方式的特点，既对孩子有较高的要求，又对孩子关爱有加；一方面有规矩，一方面又有爱。很多家长和老师可能觉得这两者常常是冲突和矛盾的，当你要求孩子要遵守规矩的同时，似乎很难保持关爱的态度。虽然同时做到既有爱又有规矩并不那么容易，但并非说明这是无法做到的，恰恰是因为困难才更显得我们是多么需要就"如何教养孩子"进行学习。我们鼓励"好好说话"就是希望大家尽可能在教育实践中思考如何将爱和规矩融入我们与孩子沟通的语境之中。我们可能没办法时时刻刻都做到这一点，但我们可以努力做到，至少我前面所介绍的例子证明了哪怕是在困难的教育情境之中都有办法做到这一点。

从这里也可以看出父母和老师言传身教的重要性，如果我们自身都不曾体验过什么是"高要求"并严格遵守，又如何让孩子知道怎么做到"高要求"呢？比如，你自己一边跷着脚躺在沙发上看电视，却一边对孩子提出"高要求"，要求他在一旁专心地做作业，父母尚且做不到，我们也就无法给孩子提出更细致的指导，对孩子的要求也就没多少说服力。

这个时候回过头再看看科胡特的这句话——"不含敌意的坚持，不带诱惑的深情"，是不是会有更深刻的理解了呢？

5-8 让情境来改变人

想象一个情境，早上 9 点钟你所在的单位就要开全体职工会议，新来的领导要发表重要的讲话，而你像往常一样提早一个小时就开车出门，按照往常的速度，你只要半个小时就可以到单位，你还有时间在办公室泡上一杯香浓的咖啡从容地去开会，可是没有料到今天路上因为发生交通事故大堵车，堵了 10 分钟还寸步难行，你急中生智选择了一条往常不常开的小路，结果这条小路因为路面改造而禁止通行，你只好又掉头回到大路上。结果你迟到了 15 分钟，在众目睽睽之下满怀歉意地走进会场。你觉得你的新领导此刻对你会有什么想法？我想你的领导可能倾向于认为你是一个不守时、懒散、老油条的员工，而不会善解人意考虑到你碰到了堵车。

"心理学家罗斯提出一个关于人们归因倾向性的观点，人们常常把他人的行为归因于人格或态度等内在特质上，而忽略他们所处情境的重要性。"其实很多时候，我们在生活中碰到的问题看似是人的问题，其实是他所身处的情境出了问题。

请各位老师扪心自问，当你在早自习的时候看到迟到的同学喊报告，大多数时候你心中是什么样的想法？我猜你大多数时候冒出来的想法是："这学生这么不守时！""真是个懒惰的学生！""看我怎么好好惩罚他，帮他改掉迟到的坏毛病！""这可能是个不好管教的学生。"我们倾向于把事情归咎于孩子身上具备了某种"坏"的品质，而非考虑到这个孩子也许处在一个造成他迟到的情境之中。

大家可以再回忆一下我在第二章关于"破窗效应"的描述，"情境的力量甚至可能大于个人的人格特质与自我控制力"。

学校里的老师每年都要接受一定学时的继续教育培训，现在信息技术越来越发达，上级行政单位可以十分便利地采用网络远程教育的方式对老师进行教育培训，可基层的老师常常对此怨声载道，觉得培训没有任何用处，而且操作越来越复杂，越来越麻烦，给老师增加了不少负担。上级领导也常常向基层传递信号，要求教师要更加努力，培养阅读习惯，同时要遵从上级的命令。要求更加努力说明他们认为教师不够努力；要求遵从上级命令，说明他们认为教师不听从命令。换句话说，也就是他们给教师们贴上了"坏"的标签，做出了教师具备某种"坏"品质的归因，认为教师是懒散的，是蔑视上级命令的。可是他们忽视了基层教师的需求，作为基层教师一员的我深有体会，我们时间很有限且碎片化，而远程培训的内容却多得惊人，想要学习完得花费大量的时间和精力。还有，远程教育培训操作界面越来越复杂，甚至设置网上观看视频每隔一小段时间就要点击屏幕不然就不计入学时，以此来约束教师待在电脑前观看视频，而非改进学习内容的质量来吸引教师。这样的情境让教师被贴上了"懒散的""蔑视上级命令的"等"坏"的标签。这样的评价对很多老师来说是不公正的，至少我认为自己是非常好学的，十分热爱阅读，也经常写作，但是我对远程教育培训的内容一点兴趣都没有，甚至非常反感它采用的培训方式。

早在上个世纪 80 年代，社会心理学家威尔斯就做过这样的实验，他们要求学生参加一个测试耳机舒适度的实验，告诉学生这个耳机已经在各种环境中做了舒适度的测试，例如走路、跳舞等。现在需要测试在头晃动的情况之下的舒适度，他们把学生分成了3组：一组是头上下移动（点头），一组是头左右移动（摇头），一组是头部保持不动。之后让学生听一段广告商对耳机的介绍，并对这款耳机进行评分。结果显示，上下移动（点头）的学生对耳机的评分明显高于另外两个小组，也更赞同广告商的观点，而左右移动（摇头）的学生则评分和对耳机的评价都明显低于另外两个小组。我们发现，情境的细小变化引发人们态度上的改变。

我儿子最近刚上小学一年级，我发现了一个有趣的现象，有一些小朋友性格比较内向，在幼儿园里显得比较安静、不活泼，这让他们的父母十分担忧，一直要求他们要更加外向、更加活跃一些，他们都认为自己的孩子是"不好"的。可是当这些小朋友上了小学一年级之后，因为学习环境和学习内容要求他们能够安静地坐在位置上听课，长时间保持专注，他们安静的特点更符合老师和学校对他们的要求，这个时候大人对他们的评价又会变得积极起来，认为他们是懂事的、专注的、聪明的。而小孩从幼儿园升学到小学一年级也就隔了一个暑假的时间，人们对他们的评价却发生了翻天覆地的变化，仿佛他们前后并非同一个人似的。大家有没有注意到，其实是情境的变化促使了人们对孩子的评价发生改变。

我们不仅容易对他人的言行做出个人特质的评价，也对自己的言行倾向于做出个人特质的评价而忽略了环境的因素。我们学校是重点中学，高中生学习态度都十分积极，常常来咨询关于学习的问题。他们大都会做出这样的自我评价："我注意力很难保持专注。""我好像比别人更容易分心。"可是我发现他们在咨询室里几乎都有办法十分专注地与我交流而很少分心，或者保持长时间的专注玩沙盘，他们保持专注的质量往往都非常高。每当我提醒他们这一点的时候，都会促使他们反思自我。比如，我常常会提醒他们："你刚来的时候说自己注意力很难保持专注，可是我发现你在咨询中却保持相当高的专注。"之后让他们注意咨询室和教室（或者其他他无法保持专注的场合）有什么差别。这个时候他们会开始注意到环境当中促使他们难以保持专注、分心的因素，而非只是给自己贴上负面的标签——"注意力差"。他们开始发现教室里同学说话声挺大的，课桌里面有手机、小说在诱惑他们，缺少休息让他们难以保持专注等等环境因素的影响。

当我们把学生的"不良言行"归咎于他们的个人特质的时候，这往往会造成消极的结果，因为个人特质是稳定而难以改变的，大人和孩子都会倾向于消极接受。当我们把更多的注意力放在环境因素的影响上时，我们就会更加有动力去改变它们，因为外部环境常常是我们可以塑造的。

有一个初一的班级因为晚自习常常"吵闹"，老师们都不喜欢去他们班级督修，经常在办公室吐槽这个班级的学生"太跳了""很不乖""太不遵守纪律"，督修的老师常常提醒他们要安静，可是过不了多久，声音又会开始嘈杂起来。对于这个问题班主任十分苦恼，因为班主任觉得他们上课的时候是十分认真的，而且很遵守课堂纪律，为什么一到晚自习就变了样呢？后来班主任找学生谈心之后才发现，他们只是有问题不懂想问其他同学，或者有些同学在晚自习背诵课文的时候习惯朗读出声音来，而其他同学因为体谅别人并不想打扰其他人，也十分善解人意地没有提出异议。班主任发现这一点之后，就对晚自习提了明确的要求，不能出声背诵，要学会默读，有问题不懂的先记在本子上，课后再向同学提问。就这样简单的要求，这个班级的学生从此以后晚自习就变得"安静""懂事""守纪律"了。

我在当班主任的时候，按照传统的方式，让学生按顺序轮流值日，可是过不了多久，班长和劳动委员十分不满地告诉我，班级的同学都太不负责任了，常常地板都没扫干净就走了，甚至还会反驳他们的善意提醒，让他们不要多管闲事。后来我在班级的宣传栏贴出一张值日安排，用表格的形式呈现他们的值日时间，并具体划分每个人打扫的区域和职责，"不负责任"的学生就消失了。

最后再和大家分享一个关于小孩的例子，小孩渐渐长大，家长们会希望让孩子变得独立一些，要求他们自己睡。而有些家长在这件事上碰到了困难，小孩并不愿意自己睡一张床或者自己睡一个房间，这个时候他们会苦口婆心地劝说小孩，但却收效甚微，他们可能会十分沮丧地评价自己的小孩是"胆小的""粘人的"。有一些父母的做法则显得智慧许多，他们会兴奋地告诉孩子："你现在长大了，终于可以拥有自己的空间了！"然后和孩子一起收拾布置他的房间，和孩子一起去购买床上用品，把他的玩具和书籍摆放在房间里，允许孩子在需要的时候可以召唤爸爸妈妈过去陪他。你看，通过改变环境孩子变得"独立"的可能性就高了很多。

我们发现希望孩子做出改变，调整环境带来的效果好过于要求他们自我控制。这并非与"好好说话"无关，能知道这一点，会让我们与孩子的谈话方向发生改变，我们会想了解孩子所身处的环境，而不只是要求他们通过意志努力去改变"坏"的习惯和性格。

下面以我的心理咨询个案为例说明持有与忽视"情境改变人"观点的谈话会有什么不同。

关注"个人问题"的谈话

生：老师，我上课总是难以保持专注，经常作业做着做着就想到其他事情上去了。

师：在自己分心的时候提醒自己要保持专注就好了。

生：可我觉得十分困难，我尝试过提醒自己，但常常忘了要提醒自己这件事。

师：也许你需要适当的休息？不至于太疲劳而无法保持专注。

关注"情境问题"的谈话

生：老师，我上课总是难以保持专注，经常作业做着做着就想到其他事情上去了。

师：你觉得可能是什么原因导致你无法保持专注？

生：这段时间以来我经常分心，可能我意志力比较薄弱吧。

师：除此之外，有没有可能其他东西让你分心呢？

生：我身边的同学讲话有点大声，但我又不好意思提醒他们。有时候做作业做累了，我就会拿起手机玩一会儿，休息一下，可有时候控制不住自己玩了太长时间而感到自责。上次期中考没考好，也让我感到很羞愧，想起自己的排名心里就很不舒服。

从关注"情境问题"的谈话中，我们可以找到许多可以促进学生改善专注力问题的办法，比如可以让学生移除手机的诱惑，想办法减少环境噪音的干扰，处理期中考试没考好所带来的羞愧感等等。而关注"个人问题"的谈话则让人有一种无能为力的感觉。哪怕注意力品质真的有问题（往往不是），那我们对它的过多关注也无济于事。接受不能改变的部分，努力改变可以改变的部分才是解决问题的关键。

在本节的最后，你可以试着做以下的练习，让自己更多的注意力放在改变情境上，而非要改变孩子"坏"的品质上。

练习：改变情境来促使孩子做出改变

你希望孩子做出的改变是什么？环境当中会影响他改变的消极因素是什么？环境中可以促使他改变的因素是什么？你最终打算采取的措施是什么？

第六章

怎么让孩子的改变更加稳定而持久

6-1 我们应该对孩子进行物质奖励吗？

通过"好好说话"的方式，孩子主动做出了符合父母期望的改变，这结果固然令人欣喜，但孩子做出改变了，并非意味着"好好说话"的结束，反而这可能只是"好好说话"的开始。如果做出改变是轻而易举的事情，我们也没有必要长篇大论地描述这么多"好好说话"的方式。通常来说，改变是会碰到困难和阻力的。当然，我们从小到大也耳濡目染地知道了许多保持和促进孩子改变的方法。我们都知道要给孩子适当的奖励或者口头的表扬和批评来引导孩子如何改变，但我们并不具体知道物质奖励是否有什么副作用，怎么批评不至于对孩子造成心理上的伤害，怎么表扬才不会让孩子过于骄傲。接下来我们将在本章节中具体讨论怎么奖励、表扬和批评孩子，以及当孩子在改变的过程中碰到失败和挫折时，如何通过鼓励和积极肯定的方式让他们重新振作起来。也只有明白这其中缘由，我们才有办法做到"好好说话"，不仅是为了"教育"好孩子，更是希望亲子和师生之间能拥有更好的关系质量和生活品质。

我们常常采用奖励的方式鼓励孩子做出积极的改变，比如，只要小孩考试考了 100 分，家长就奖励他 100 元。但这样的做法也会让部分家长产生担忧，担心这会不会让孩子变得过于追求物质的奖励而忽视了道德品质的培养，甚至担心他们长大以后把金钱置于凌驾道德和法律之上的地位，比如，小孩子为了获得奖励而考试作弊。家长们感觉到物质奖励的方式可能存在一些弊端，但并不知道为什么。其实担心物质奖励可能让孩子将来道德败坏的担心是完全没必要的，试想一个家长告诉自己的孩子：不管你用什么手段，只要能考试考100分，我就给你100元奖励；另外一个家长告诉自己的孩子：你必须要靠自己的努力拿到100分，我才会给你100元的奖励。你觉得哪个小孩更容易作弊？明显是前者，所以孩子会不会"道德败坏"是受到你的价值观念的影响而非你是否奖励他100元。但你的感觉没有错，物质奖励确实可能带来一些不良的影响。

我们一起来看一个在网络上广为流传的故事。

有一群孩子每天都到一位老人家门前嬉闹踢球，吵吵闹闹。几天过去，这位老人不堪其扰。有一天，这位老人告诉孩子们，如果他们明天继续来这里踢球，他们每人将会得到1元钱。孩子们很高兴，第二天如约而至，一如既往地嬉闹，并拿到了1元钱。第三天，老人告诉孩子们只能给他们5角钱，孩子们有些失望，但还是踢完了球，领了钱再回家。第四天，老人只给他们5分钱，孩子们非常生气，不屑地离去，他们向老人发誓再也不来踢球了。

大家发现了没有，这个故事中金钱的奖励让这些孩子踢球的兴趣渐渐地被削弱，甚至完全消失。所以，物质奖励令人担心的部分并非它会让孩子道德败坏，而是它可能会削弱孩子的内在动机，比如兴趣。心理学把人的行为动机分为内在动机和外在动机，内在动机被认为对维持行为的持久性具有重要的作用。反之，如果从事某种活动只是为了获得外在物质奖励，那么从事某种活动的行为很容易随着物质奖励的消失而减少或消失。

心理学家德西做过一项关于学习动机的心理学实验，他让大学生被试解数学谜题，这些数学谜题能够有效地激发内在动机。其中一组大学生每解完一道数学谜题之后，就会得到 1 美元的奖励，而另外一个小组则不会得到任何奖励。任务结束之后，他们会有几分钟自由选择的时间，他们被允许可以看杂志、玩游戏、发呆或者继续做谜题。结果显示，没有获得任何奖励的小组，做谜题的时间要比获得物质奖励的小组多 100 秒。这个实验被认为是物质奖励会削弱内在动机的证据。

但还是有不少心理学家提出过相反的意见，认为物质奖励并不会削弱内在动机，比如，一个本来就对数学丝毫不感兴趣的学生，因为可以获得他力所能及的物质奖励而开始尝试努力学好数学，而在接触数学的过程中反而渐渐地增加对数学的兴趣，因为之前对数学几乎毫无兴趣可言，所以这里的物质奖励当然就没有对这个学生的内部动机造成削弱反而是增强了。

关于物质奖励对内在动机的影响尽管尚未有最终的定论，也存在着这样那样的一些分歧，但仍然还是获得了一些一致性的结论："非必然的外在奖励（即活动结果达到一定水平才能得到的奖励）相较那些必然伴随的奖励（即只要参与活动就能够获得的奖励）对内在动机更少地造成损害效果，更多地产生促进作用；未预料到的奖励较预料到的奖励对内在动机产生更积极的效果；无形的外在奖励（如口头的、社会的）产生更多的促进作用与更少的削弱作用；为个体提供代表能力的奖励对内在动机产生更积极的效果；被期待的有形的奖励会削弱高初始兴趣活动中的内在动机，而对很少或无兴趣活动中的内在动机不产生影响。"所以，奖励对内在动机产生影响是有条件的。

虽然尚无完全一致的定论，但心理学家德西提出的自我决定理论还是能够很好地说明内在动机是如何受到物质奖励的影响的。他的理论主要包含三个部分：1. 信息性或控制性的外在事件会影响内在动机的不同变化；2. 外在动机可以和内在动机共存，甚至是有机地整合在一起；3. 我们从事某项活动出自于内在的三种心理需求：自主感、胜任感和归属感。

如果上述的理论阐述你会觉得晦涩难懂，我们再稍微整理一下上述关于内在动机的结论，并逐一解释说明。

1. 相对于外在动机而言，内在动机是积极主动且稳定持久的。

你不妨先简单地把内在动机理解成为"兴趣"，外在动机理解成为"金钱"。假设两种情况，第一种：你的孩子是因为自己的兴趣进行阅读活动；第二种：你的孩子是因为获得你给他的 10 元奖励才进行阅读活动。你会更希望自己的孩子是前者还是后者？相信答案是不言而喻的。我们会觉得高内在动机更加积极主动，高外在动机则显得消极被动。而且兴趣更加稳定而持久，而 10 元的奖励随时都可能消失。

2. 非必然的外在奖励对内在动机更少地造成损害。

每次练钢琴达到 1 小时就可以获得 10 元奖励，和每次只要练钢琴不管多久都可以获得 10 元奖励，虽然两者都会削弱内在动机，但是前者造成的伤害更小。

3. 未意料到的外在奖励对内在动机产生更积极的效果。

在物理竞赛前告诉孩子能获得好的名次就带他去吃大餐，和在物理竞赛结束之后告知孩子要带他去吃大餐庆祝比赛获得好名次，后者比前者产生更积极的效果。

4. 无形的外在奖励产生更多的促进作用、更少的削弱作用。

孩子在某方面有不错的表现，告诉孩子"他在某方面表现真好（无形的外在奖励）"比直接给孩子买礼物或奖励金钱（有形的外在奖励）会有更多的促进作用、更少的削弱作用。

5.满足个体三种心理需求：自主感、胜任感和归属感的奖励会对内在动机有促进作用。（自我决定论）

（详见后续事例）

6.信息性的外在事件促进内在动机，控制性的外在事件削弱内在动机。

（详见后续事例）

7.被期待的有形奖励不会削弱对低兴趣活动的内在动机。

（详见后续事例）

虽然心理学的理论看上去不是那么通俗易懂，不管怎样，我们再来看几个事例，检验你对这些知识理解多少。

请你判断一下，以下物质或口头的外部奖励行为削弱孩子内在动机的可能性大还是小？

1.每次考试考100分，妈妈就奖励小孩100元。

2.妈妈对孩子说："如果能按时吃完饭，就让你看一集动画片。"

3.表现出色的学生获得了学校颁发的"三好学生"奖状。

4.学生因为参加省级机器人大赛取得优异成绩，获得了组委会的500元奖金。

5.孩子在英语演讲比赛中表现优异，回家之后，爸爸告诉孩子说："太好了，晚上我们一起去外面聚餐庆祝一下。"

6.孩子对阅读丝毫不感兴趣，爸爸答应他每读完一本书就奖励他10元钱。

7.孩子对阅读很感兴趣，爸爸决定她每读完一本书就奖励她10元钱。

8. 当学生达成相应的学习目标，老师就奖励他们小红花。

9. 当学生达成相应的学习目标，老师就奖励他们小红花，并且小红花能换取价格不菲的礼品。

我们按照事例的顺序一个一个看下来，事例 1："每次考试考 100 分，妈妈就奖励小孩 100 元。"这个时候妈妈在对孩子进行控制，妈妈尝试通过钱来控制孩子，而这会削弱孩子从事学习这项活动的其中一项内心需求：自主感。学习不再是自己发自内心想要做的事，而是为了满足妈妈的控制。可想而知，当妈妈把 100 元奖励取消的时候，就会遇到我们前面提到的关于老人怎么让孩子不再在他家门前踢球的情况。事例 2 也是类似的情况，孩子只有满足了按时吃饭的条件，才可以获得看一集动画的奖励，这个时候妈妈也是在尝试通过奖励控制孩子，这会削弱孩子对吃饭这件事情的自主感。

事例 3 "表现出色的学生获得了学校颁发的'三好学生'的奖状"和事例 4 "学生因为参加省级机器人大赛取得优异成绩，获得了组委会的 500 元奖金"。奖状和奖金形式的物质奖励是信息性而非控制性的，它们更像是在向孩子传递一条信息：你在学校或机器人大赛中的表现非常出色，这条信息同时满足了孩子继续保持优秀的心理需求：胜任感。所以，事例 3 和 4 中的物质奖励通常能够增强孩子的内在动机而非削弱了。

事例 5："孩子在英语演讲比赛中表现优异，回家之后，爸爸告诉孩子说：'太好了，晚上我们一起去外面聚餐庆祝一下。'"爸爸对孩子的肯定接纳和积极关注满足孩子的心理需求：归属感。同时，一起聚餐庆祝这件事情并不是预先约定好的，根据前面提到的增强内在动力的结论：未预料到的奖励较预料到的奖励对内在动机产生更积极的效果。

事例6："孩子对阅读丝毫不感兴趣，爸爸答应他每读完一本书就奖励他10元钱。"有了以上几个事例的分析学习，你可以试着先不看我的分析而自己尝试做判断并说明原因。事例6中爸爸在尝试控制孩子的阅读，10元钱的物质奖励是控制性的，并不能增强孩子阅读的内在动机。但因为孩子本身对阅读是丝毫不感兴趣，根据前面的物质奖励对内在动机影响的一致性结论：被期待的有形奖励对很少或无兴趣活动中的内在动机不产生影响。所以总体而言，这里的10元钱奖励并不能增强孩子阅读的内在动机，但是外在物质奖励仍然有可能增加孩子从事阅读这项活动的频率。

事例7："孩子对阅读很感兴趣，爸爸决定她每读完一本书就奖励她10元钱。"因为10元钱的奖励是控制性的物质奖励，而且因为被期待的有形的奖励会削弱高初始兴趣活动中的内在动机，事例7中的孩子极可能因为她爸爸的物质奖励而降低阅读的内在动机。

事例8："当学生达成相应的学习目标，老师就奖励他们小红花。"这里奖励小红花更像是信息性的奖励，老师在向学生传递信息：你在某个学习方面表现出色，而且奖励小红花能够让小孩获得胜任感，感觉自己是能够胜任学习任务的。所以，在校园特别是幼儿园里，奖励小红花是老师很普遍的行之有效的奖励方式。

事例9："当学生达成相应的学习目标，老师就奖励他们小红花，并且小红花能换取价格不菲的礼品。"当我们提供的外在奖励过于丰厚的时候，这个外在奖励就可能过多地吸引学生的注意力，导致学生过度地关注外在物质奖励，而忽视了自己内在的动力。如果你告诉学生："表现良好获得小红花，大家还可以换取价格不菲的拼装玩具噢！"这个时候你在尝试通过物质奖励控制学生。如果你告诉学生："当大家的小红花累积到一定量可以获得漂亮的奖杯，从而肯定你在班级的优异表现。"这个时候的物质奖励更像是信息性的。所以，当物质奖励过于丰厚的时候，我们就冒着更大的削弱学生内在动机的风险，当然，这还跟老师对学生的引导有关。在前面的事例当中，甚至奖品的种类都会产生影响，奖杯并没有实际用途，是身份的象征，这一类的奖品就更可能被解读为是一种信息性的肯定能力的奖励。

对孩子的物质奖励我们大概第一反应都会想到金钱、玩具、电脑等具体的事物，如果我换一种描述方式叫作"外部奖励"，我们对德西的自我决定理论可能就会有更深的领悟。其实所有的外部奖励都可能会带来内在动机的削弱，这些外部奖励不都是以具体的某一种物质的形式出现。在家庭生活中，更常以"交换条件"的形式出现，大人们特别喜欢尝试用交换条件的方式来控制孩子的行为："如果你在 7 点半前把作业做完了，就让你去其他小朋友家玩 20 分钟。""你把饭吃完，就给你看一集动画。""只要你每天准时起床不迟到，周末我就带你去看电影。"这些交换条件的言语常常以"如果……就……"或者"只要……就……"的形式出现，这在向孩子传递一种你要接受我控制的信息，而剥夺了孩子真实体验从事某项活动的机会。他们不再把注意力放在享受美食上，也失去了体验饥饿的机会，可能也体验不到完成学习任务的成就而把它视为一种控制性的束缚。当然，"交换条件"也有可能改头换面地变成"威胁"的形式出现："你不把饭吃完，你这一周都不许再看电视了。""你这周再迟到，爸爸妈妈周末就不带你出去玩了。"

物质奖励可能存在本节开头提到的风险，这种风险的原因就是：你将很难持续满足日益滋长的孩子的欲望之心。比如，你与孩子约定，每做一件家务你就奖励他 2 元钱，表现好就带他去看一场电影，或者考试满分就给他买一件玩具。随着时间的推移、年龄的增长，2 元钱可能已经不能再给他带来同样的刺激，玩具也越买越大，你也很难有持续空闲的时间陪他去看电影兑现奖励承诺，之后开始出现开头故事中类似的一幕，你承诺的奖励难以再持续见效，"良好"的行为习惯因为物质奖励的失效也随之轻易地瓦解了。

　　物质奖励的外在形式可能是千变万化的，不管是伤害孩子主动性的方式，还是增强孩子主动性的方式，都可能以我在文中未曾提及的形式出现，我无法穷尽所有情况。但是透过表面现象我们会发现，它们内在的本质是一致的，我们更关心的是孩子的需求，而非孩子的外在表现或者我们的需求。大多数家长都只看到眼前的短期利益，只要孩子做出他们希望看到孩子做出的行为，他们就觉得这是好的方法，这只是在满足大人的需求而已。他们想要孩子表现出他们希望看到的样子，大人们希望孩子能勤做家务、专心阅读、努力学习，而物质奖励见效奇快，短期之内又看不到它的弊端。并非家长老师们真的是自私自利，只是大多数人目光短浅，顾及不到更长远的利益。

6-2 我们要怎样表扬／批评孩子？

我们可以把表扬／批评的方式分为两种：个人性表扬／批评，过程性表扬／批评。个人性表扬／批评指的是我们表扬／批评孩子的个人特质，把孩子取得的成就／遭遇的失败归因于他的某种特质；过程性表扬／批评指的是我们表扬／批评孩子取得成就／遭遇失败所付出的努力程度或采取的方法。

发展心理学家德韦克和卡明斯曾采用角色扮演的方式来考察批评对儿童的反应模式的影响。他们并非让幼儿园的孩子直接经历批评事件，而是用玩偶来代替，让孩子用玩偶扮演"学生"和"老师"的角色，他们按照要求让"学生"经历了多项任务的失败，每项任务失败的时候"老师"都给予批评，但每个情境中的"老师"批评的方式并不太一样。一部分"学生"接受到的是针对个人的批评，比如："你真笨。""我对你很失望。"一部分"学生"接受到的是针对过程的批评，批评的重点放在"学生"的努力不足或者方法错误，比如："你可以采用更好的方法来完成。""你可以更加保持专注。"结果表明，接受过程性批评的孩子自我评价更积极，情绪更加良好，更倾向于提出解决问题的有效方法。而接受到针对个人特质批评的儿童，则在自我评价、情绪状况、坚持时间等方面都表现得不如接受过程性批评的儿童。

后来，他们又发现了当儿童取得成就的时候，接受不同类型的表扬都会对儿童起到积极的作用，都可以让他们更有学习动力，对自己也有更积极的评价。但是却发现不同的表扬方式会对他们应对挫折和失败的方式产生影响：接受个人特质表扬的儿童在遭遇挫折之后会有更明显的无助反应，他们更可能在面临难度较高的挑战时，选择退缩或回避的方式来避免失败；而接受过程性表扬的儿童在面临同样的挑战情景时，会更愿意付出努力和行动来迎接挑战、解决问题。具体来讲，当我们表扬孩子"聪明"（个人性表扬）或"努力"（过程性表扬）的时候，都可以让孩子更有学习动力，但是被表扬"聪明"的孩子在遇到难度高的学习活动时，更可能通过放弃或回避任务的方式来避免失败，因为他们会担心无法完成任务而被贴上"不聪明"的标签，而被表扬"努力"的学生则会付出更多的努力和行动来解决问题。

我们有充足的证据证明，表扬孩子通常可以让孩子更自信，更有学习动力，但要注意，表扬孩子"努力"而非表扬孩子"聪明"会是更佳的选择。另外，针对儿童个人特质的批评会带来心理上的伤害，而接受过程性批评的儿童则表现出更明显的解决问题的倾向。

接下来，请大家为下列的表扬／批评的情况简单做一个分类，让我们更清楚到底什么是个人性表扬／批评，什么是过程性表扬／批评。

①个人性表扬②过程性表扬③个人性批评④过程性批评

1.你的画真好看，你真是个有艺术天赋的孩子。（　　）

2.你的画真好看，你画了蓝色的大海，还有看上去很柔软的沙滩。（　　）

3.这次又考了双百，你真是个聪明的孩子。（　　）

4.这次又考了双百，你学习的时候很专注，这是你通过努力赢得的。（　　）

5.你有没有脑子？这道题老师都讲过不知道多少遍了。（　　）

6.这道题老师讲过几次了，你是不是在课堂上缺少专注的状态？（　）

7.同样花那么多时间在学习上，小明成绩要比你好多了，看来你真不是块读书的料。（　）

8.我看到你和其他同学一样努力，但在高中仅靠努力是不够的，你需要想办法调整你的学习方法和专注状态。（　）

题目1和2，当我们表扬孩子拥有艺术天赋的时候，虽然孩子会因此在画画方面变得更自信，但当孩子需要画自己不擅长或不熟悉的主题时，就会担心因为画不好而被评价"没有天赋"而选择回避挑战，而过程性的表扬则不会有这样的副作用。题目3和4只是情景不同，原理也是和题目1和2是相同的。

题目5，当我们批评学生"没有脑子"的时候，其实是在批评学生"愚笨"，暗指不管我们讲过多少遍，按照你的能力是学不会的。不难想象，接受这样暗示的学生会倾向于对自己进行更低的评价，心理受挫，情绪不佳，同时更容易放弃努力。题目6则提醒了学生要调整学习的方式，上课要注意保持专注，指明了解决问题的方向。题目7和8，也是相同的原理。

当孩子取得成就，我们表扬他聪明的时候，其实也在暗示他，你取得的成就是因为你聪明，这样的归因方式其实并不客观。一个人能否取得好成绩，受到影响的因素很多，比如：你的情绪和精神状况，你的努力程度，所从事活动的难度，还可能包含有运气的成分，而不仅仅是个人天赋在影响一个人的表现。孩子通过个人性的表扬形成过度简化的自我概念。当一个小孩一直被表扬为聪明的时候，通常不会出现什么问题。但人总有遭遇挫折的时候，一旦遭遇挫折，客观事实（成绩不理想）和小孩主观认识（我是聪明的）不相符时，小孩会出现认知失调。为了平衡这种客观事实和主观认识不相符合的失衡状态，小孩会做出"这次只是我失误"的判断，没有注意其他影响因素，从而也不会做出有价值的事情（有价值的事情包括调整专注状态、努力做好准备等）。而一而再、再而三的失败挫折之后，"这次只是我失误"的理由已经无法说服自己恢复认知上的平衡，孩子可能会开始认为"我是一个愚笨的人"。这种消极的自我概念将会进一步促使孩子回避有难度的活动和挑战，避免再次会引发"我是一个愚笨的人"之类的消极自我评价以及它所带来的负面情绪体验，而回避的行为让孩子更加缺少面对困难和挑战的经验，从而强化了回避行为，陷入恶性循环。

其实聪明是无须表扬的，大多数人的天赋相差无几，按照大多数人的努力程度，天赋上的微小差距根本不足以造成学业成就上的明显差异，特别是义务教育阶段的知识是比较基础的，天赋很少成为拉开学业成绩的影响因素。

如果你现在才醒悟自己一贯以来一直在对孩子做个人性的表扬，也不需要太担心。因为哪怕你从未这么做，但在孩子所处的教育环境中，他们也极可能从老师同学、亲戚朋友、爷爷奶奶等人那里获得大量的个人性表扬，这件事几乎难以避免。我们也不必从此就对表扬孩子"聪明"讳莫如深。

我们当然也可以肯定孩子的天赋，事实上天赋上的差异，在某些特定领域毋庸置疑是存在的。例如在运动方面天赋就显得尤为重要，篮球就是一项巨人的运动，而你的身高、臂展、肩宽主要取决于先天遗传，你生下来就几乎决定了你是否能成为一名专业的篮球运动员。在天赋影响不那么明显的其他领域则很难分辨这一点。不管如何，目前我们会认为人能成为今天的样子，是受到先天因素和环境因素的综合影响，而且先天因素和环境因素也会交叉影响，你很难准确地划分两者之间的区别。总之，我想告诉大家的是，我并非否定孩子在天赋上的千差万别，天赋肯定是存在的，我们当然也可以夸奖孩子天赋异禀，聪明异于常人，但这绝对不是我们要夸奖的重点，因为这几乎是难以改变的，或者说短时间之内难以改变分毫。要避免让孩子形成"聪明决定一切"的想法，并认识到努力、专注等因素也对取得成就有着巨大的影响，就比如，我们也可以在 NBA 的赛场上看到个子只有 1.70 米或 1.60 米左右的篮球运动员，努力锻炼出来的技艺和坚韧的心理品质对他们取得成就有着巨大的帮助。总之，有一句话是这么说的："这个世界属于有天赋的人，也属于认真的人，更属于那些在有天赋领域认真钻研的人。"

6-3 怎么让孩子在挫折中保持自信

虽然我们期望通过奖励和表扬来促进孩子的积极健康成长，但孩子并不能如我们所愿总是取得成功，失败和挫折是人生难以避免的经历，接下来我们再来谈谈怎么让孩子在挫折中保持自信。

我们先从"习得性无助"这个著名的心理学概念说起。1967 年，著名的心理学家塞利格曼通过动物实验发现了"习得性无助"的心理现象。塞利格曼把狗关在笼子里，每次蜂鸣器一响，就给狗施以难以忍受的电击，狗被关在笼子里逃避不了。实施多次电击之后，塞利格曼把笼子打开，之后蜂鸣器响起，这个时候狗不但没有逃跑，反而在蜂鸣器响起电击都还没开始之前，就先倒在地上呻吟和颤抖。本来可以主动采取行动避免不好的结果，却只是绝望地等待痛苦的来临。这就是"习得性无助"。

心理学家随后也在人类身上发现了"习得性无助"的心理现象。我们在做某件事的时候，如果一次又一次地失败，我们就可能倾向于放弃再试一次的努力。在现实生活中，那些经常遭遇挫折的人们、久病缠身的患者、无依无靠的老人，他们身上常常会出现"习得性无助"的特征。

学习生活中常见的情况是，有些同学多次考试成绩不理想之后，就彻底放弃了努力学习的念头，破罐子破摔。他们甚至很容易把这种无助感迁移到其他活动上去，比如一个学生英语老是学不好，他开始怀疑自己的学习能力，开始认为自己也学不好本来可以胜任的化学、数学等其他学科。

我们是怎么中了"习得性无助"的魔咒呢？我们再回顾一下塞利格曼那只习得性无助的狗，它在一开始确实是无力逃脱的，在这个时候环境对它而言是不可控的，它确实面临着绝望的处境。后来笼子虽然打开了，它已经完全有能力逃离，但它仍然只是绝望地接受电击。我们可以发现，环境不需要真的不可控，只要我们主观地认为环境不可控，我们就很有可能陷入习得性无助的境地。

笼子里的小狗在刚开始遭受电击的时候，都会努力想要摆脱电击，但多次尝试无果之后，就开始绝望地放弃了抵抗。也就是如果我们遭遇挫折的次数越多，我们就更容易深陷习得性无助之中，特别是持续性地遭遇挫折。

塞利格曼在实验中发现，遭受同样多次电击之后，总是会有几只狗不会放弃努力，持续尝试摆脱电击。为什么它们会对习得性无助的魔咒免疫呢？塞利格曼认为除了客观上有持续性的挫折之外，还必须要有主观上由挫折引发的无助感和失败感，两者相互交叉影响，最终导致习得性无助。

在学习生活中，怎么帮助孩子远离"习得性无助"？心理学家后来还发现，同样碰到学习成绩不理想的情况，那些认为是能力不行的学生更容易变得习得性无助，而那些认为是自己努力不够的则对未来有更美好的期待，也会更愿意付出努力改变现状。究其原因就是，当我们把失败的原因归结于能力不行，我们就把自己带入了一个不可控的情境之中，因为能力是稳定不变的，我们对之无可奈何。相反地，努力则是我们可以控制的因素。

所以下次孩子学习成绩不理想的时候，记得告诉孩子：不是你的能力不行，而是努力不够。

你也许会觉得这有些自欺欺人，觉得自己确实是学习天赋不如别人，而现实情况是，普通人群中智力有缺陷的比例大概是 1%，特别是到了中学，经过一定的教育筛选，智力上有缺陷的可能性微乎其微。几乎可以肯定地说，我们的学习能力是没问题的，成绩不理想只可能是努力不够，或者学习方法等我们可以控制的因素有问题。

当孩子持续在学习或考试上表现不佳的时候，要警惕之前我们提到的"持续性"，有可能是它把孩子推入习得性无助的陷阱之中。

你需要想个办法打断这种"持续性"。这个时候你需要做出改变，因为"旧的行为只能得到旧的结果，新的行为才有办法给我们带来成功和快乐的可能"。孩子原有的努力程度和学习方法已经多次被证实不足以让他在学习或考试中表现良好，那么孩子就需要更加努力，调整他的学习方法。当然，做出改变只是可能会有效果，但是不做出改变已多次被证实是无效的。总而言之，我们做出改变的目的就是要打断这种挫折遭遇的持续性。

同时也可以引导孩子重塑对失败经历的认知，当我们遭遇了失败和挫折，看上去对我们有很多伤害，但其实经历失败和挫折也对我们很有帮助，下一次再遭遇失败和挫折，提醒孩子要告诉自己："太好了，又让我碰到这样的事情，又给我一次成长的机会，凡事的发生皆是恩典。"有了乐观的心态，摆脱了无助的体验，我们也就能对习得性无助的魔咒免疫。

有一个公式很好地反映了人的自信是如何获得的：自信 = 积极行动 + 成功体验。一个人不可能既自信又习得性无助，当我们变得自信的时候，习得性无助就必然会远离我们。而自信来源于成功的体验，成功的体验需要行动作为支撑。

让孩子先尝试达成一些难度不高、容易成功的目标，例如每周坚持跑步、打球等等。一方面运动会使大脑产生内啡肽和多巴胺，让人身心感到愉悦；另一方面，实现运动的目标虽然看似和学习没有关系，但是这种通过行动带来成功体验的自信感和习得性无助一样都会发生迁移，间接地对学习产生积极的影响。

还可以帮孩子在学习上把长远的目标分解成多个小目标，许多小目标的实现会给你带来许多的成功体验，也让你更有积极行动的动力。这就好比嗑瓜子，为什么我们常常一嗑瓜子就停不下来？虽然嗑瓜子的动作是非常单调重复的，但我们却能够坚持许久而且毫不费力，秘诀就在于我们每嗑一颗瓜子就能吃到一颗瓜子，单调重复的动作能够得到及时的反馈和奖励。因此学习上每一个小目标的完成都会让他更有动力而且更不费力地去实现学习上的大目标，彻底和习得性无助说拜拜。

同时也要提醒孩子不要轻信自己的消极观念。几年前一档综艺节目中的一个游戏让我印象深刻，节目组让来宾到两栋高楼的楼下，并告诉他们待会儿要蒙着眼睛从两栋高楼之间的独木桥上走过。虽然桥下面有一张网，但是来宾们还是非常紧张，并担忧网是不是结实。

我记得其中一个来宾，蒙着眼睛刚上独木桥的时候就开始大声怪叫，在独木桥上走出一步就开始蹲下来，再走一步就跪了下来，并一直跪到独木桥的中间，他并不知道走了多远，因为过于紧张又慢慢地退回了起点，并大声喊："我放弃了，我放弃了！"当他摘下眼罩的时候，发现独木桥并不是横在两栋房屋之间，而是在阳台的地板上，也就是他即使掉下来也不会摔伤，但是想象出来的危险让他精神紧张，退缩不前，选择了放弃。

当你感觉孩子出现一些习得性无助现象的时候，记得，提醒孩子不要轻信自己的消极观念，因为它往往是不真实的，问问孩子，这是真的吗？

有什么能证明它的真实性吗？哪怕是真的，又有什么大不了的呢？

6-4 拥有一双发现美的眼睛

前面的部分我们已经讨论过了，通过积极肯定的方式可以促进孩子的改变，强化他们出现的新行为，但前提是你得先发现孩子身上值得被肯定的闪光点。

跟大家分享一下我多年前写的一篇关于教育的文章。

一个当着我的面说要吸烟的学生

学校举行一个"拒吸第一支烟"签名活动，我把表格拿给了班长，让她利用早读时间向班里的同学们宣讲一下活动所要传达的精神，并让同学们签名。这活动看似简简单单，但我隐隐约约感觉到不会进行得那么顺利。

果然下课后班长拿来的名单上有个地方留空，有人拒签！我先向班长打听他怎么不签名。班长回答，他说他要继续吸烟所以不签。听上去态度还挺嚣张的，这无异于在班里公开宣称要抽烟。我让班长先回去，让他过来找我一下。

在他进办公室之前，我思索着要如何解决这个问题。他叫小Q，是我们班上的"问题"学生，还没进入中学时，我就听说过有这么一个"坏"学生，而且脾气"臭"得像茅坑里的石头，他要是不想改正错误，就算你把他往死里揍，他也决不"低头"。看来"强烈谴责"的虚张声势是无法奏效的，但难不成要向他退让，让他当着整个班的同学发出吸烟的号召？正思索间，小Q已来到了办公室。

我让他过来，站在我的面前。他直挺挺地站着，一副"坚贞不屈"的模样，似乎做好了和我打一场硬仗的准备了。我面无表情、不轻不重地问了句："为什么不签呢？"虽然我已经知道原因，但我还是要让他自己说出来，不能一来就"乱棒打死"，这样教育出来的学生也是口服心不服。

小Q一副"慷慨就义"的模样，他说："我要吸烟，所以我不签。"

这时，办公室一阵沉默，他低着头等着暴风骤雨的来临。我心想，他虽然年纪尚小，但小学就开始吸烟，家里又缺乏管教，已经有了烟瘾，让他完全戒掉，也是不现实的，但还是必须让他戒，不能根除，至少要慢慢戒掉。

我打破了沉默，向他伸出大拇指，"拨云见日"般微笑着对他讲："你做得很好，你很坦诚，不像有些人明明吸烟，却还签了名，我最欣赏你这点了，有原则。"

他似乎有些错愕，但之后他会心地笑了，似乎很认同我的看法。我站起来，拍拍他的肩膀请他坐下——一般情况下，如果学生不是犯错，我和学生较长时间交谈都会请对方坐下。

我问他："你现在抽烟严重吗？"

小Q回答："还好，一天会抽几根。"

我接着问："你都什么时候抽啊，我怎么没见过呢？"

小Q神色已经缓和，心情也放松了，他回答说："你当然见不到啦，早自习6点多，×班的××还请我抽一根烟，那时候还没什么人进来。"

"那你知道抽烟对身体好不好呢？"

"不好，但是我已经戒不掉了。"我是这样理解他的回答：他不是不想戒，是想戒，只是戒不掉。

"烟肯定是要戒的，因为烟对人体伤害很大，特别是对未成年人，但戒掉确实很难，很多成人上瘾了也是一时戒不掉的，但是我们可以慢慢戒，你说对不对？"我在交谈过程当中，都会不停地询问学生的意见，好让他们能够理解老师的用意。

他重重地点了两下头。

我继续问他："那你打算怎么慢慢戒掉呢？"

他思索了片刻，摇了摇头说："不知道。"

"那我给你提个建议，你可以慢慢戒，你可以先做到在学校里不抽烟，放学之后尽量不抽，你觉得这样如何？"我心想他在学校里时间待得长，放学空隙时间也较短，至少先消除他在公共场合的不良影响，而且烟瘾也不是一时半会儿戒得掉的，确实得慢慢戒掉，不然恐怕欲速则不达。

他欣然接受了，回答说："好的。"

我笑着说："好，我相信你，我知道你是有原则的，说过的话就一定会去做的。"

我停顿了片刻，他不好意思地笑了。

我接着讲："我们也不用再重新签什么保证书了，你就在这学校的单上签个名，我们心里有数就行，就当你我之间的一个承诺（学校的任务还是要完成的……）。"

他提起笔，毫不犹豫地签了名。

我拍了拍他的肩膀，示意让他回去准备上课了。

我并不是说以后教育孩子都要用赞美的方式不能用批评的方式，赞美和批评在教育过程中都是需要的，并非选择赞美就一定是正确的教育，选择批评就一定是错误的教育，这就好比我们在比较开车的时候油门和刹车哪个更好。答案很明显，两者都需要。我想表达的是，不要对孩子身上出现的闪光点视而不见，你觉得某个学生或孩子身上一无是处，但真相往往并非如此。我从我的教育经历当中得到的启发是，即便是"坏"透了的孩子身上也有值得我们关注的闪光点。我很喜欢我参加正念训练的一个老师说的一句话，她说："只要我们还存在于这个世界上，我们身上好的地方就肯定远多于不好的地方。"

除此之外，值得一提的是，在上述的我的教育经历中，我的教育目的并非只是要他签字而已，而是真心希望他能够改掉抽烟的坏习惯。我是解决问题的取向，并没有因为他犯错误而折磨或者指责他，折磨或者指责他是很容易做到的，但这除了增加双方之间的对立和仇恨，好像对解决问题并没有任何帮助。你也可以翻看我前面提到的章节，这个时候我关注到了他的需求，把他看成是一个需要帮助的学生，而不是一个制造麻烦的学生。

再和大家分享一则十分著名也广为流传的教育故事。

陶行知先生在担任某小学校长时，当看到一位学生用泥巴砸另外的同学时，就上前制止了他，并让他放学后到校长室去一下。

放学后，陶先生来到办公室时，那位同学早已等在那里。先生没有批评他，反而掏出一颗糖给他，并对他说："你按时到，我迟到了。这颗糖奖励给你。"学生惊讶地接过糖。

接着，先生又从口袋里掏出了一颗糖，对学生说："你用泥巴砸人时，我制止你，你立刻就停止了，我应该奖励你。"学生疑惑万分地接过糖。

然后，先生又掏出了第三颗糖对学生说："根据我的了解，你用泥巴扔那些男生，是因为他们欺负女生。这说明你有正义感，我也要奖励你。"

这时，学生已经激动得流下眼泪，说："校长，我知道我错了，我砸的不是坏人，是自己的同学……"学生感动得磕磕巴巴地跟陶先生说出心里的感受。

陶先生笑了。从口袋中掏出第四颗糖对那个学生说："这颗糖奖励给你，是因为你认识到了自己的错误。好了，我的糖给完了，我们的谈话也结束了。"

我想，这样的四颗糖无论奖励给谁，都会让人终生难忘的。

我很难告诉你做到这一点有什么具体的方法技巧，教育本来就是一门学问，需要经验的积累，有时候则像创作艺术一样，需要一些灵感。我可以再多举几个例子来丰富你的认识。

有一个孩子因为成绩糟糕，常常违反课堂纪律而被妈妈带来咨询室找我。我带他玩沙盘，他摆了一艘海盗船，很自然地聊到了很流行的一部漫画《海贼王》，里面的人物他如数家珍，甚至对剧情有自己独到的见解，并对未来的发展十分有逻辑地推敲，他妈妈很生气地打断了他："整天不知道学习就知道看漫画，不要和老师讲这些。"这个妈妈很明显没有看到他身上表现出来的记忆力、逻辑推理能力以及出色的表达能力。我在结束咨询的时候告诉他："你来之前，我听你妈妈说你的成绩很不好，可我今天和你谈话之后，发现情况并没有那么糟糕。你有很强的逻辑推理能力，也有出色的表达能力，这让我感到很欣喜。我觉得只要你愿意，学习成绩提高肯定没问题。今天我们结束咨询之后，你回去后第一步将做什么事呢？"

　　我通过肯定他身上表现出来的闪光点，并抱着解决问题的取向推进了谈话，让孩子对自己有更清楚的认识，看清自己身上并非全是糟糕错误的，认清自己需要改善的问题是什么，可以利用的资源是什么。我保持真诚，并非刻意要表扬赞美他。总之，我在咨询室接待了成百上千的满身"问题"的来访者，我几乎从未见过毫无闪光点的来访者。记得："只要我们还存在于这个世界上，我们身上好的地方就肯定远多于不好的地方。"

第七章

怎样和孩子好好聊天

7-1 不要从严肃的话题开始

　　大多数家长都会碰到教育的难题，特别是上了中学之后，叛逆期仿佛在一夜之间降临，孩子渐渐有了自己的世界，和父母渐行渐远，有的甚至一回家就把自己关在房间里，大人找他聊天都爱理不理。我问过一些家长，如果孩子愿意和你聊天，你会聊什么事情？他们的回答大都千篇一律："最近在学校里过得怎样？""成绩如何呢？""最近有些退步，要再认真一点。""零花钱够用吗？"如果我是小孩，我也不愿意和大人聊天。我们不难想象这些无聊的问题会得到孩子什么样的回答："还可以。""还行吧。""好的，知道了。""够的。"然后呢？话题就此终结。哪怕孩子真愿意和你聊点什么，也许你也不知从何谈起吧。随着孩子年龄的增长，询问成绩这件事开始变得无趣而又令人沮丧，因为无论如何，一个学校成绩排名前列的也就那么几个，大多数的孩子在多年受教育的经历之后或多或少都会在学习上有挫败体验，大多数孩子很自然地将学习成绩和无聊乏味又受挫沮丧的感受联系在一起。另外，也不要重复一些关心日常衣食住行的问题："衣服够穿吗？""在学校里喝水了吗？""早饭吃了吗？"我并非让大家完全不要问这些问题，而是尽量少问，更不要只是问这些问题。

　　我在学校的心理咨询室也常常接待一些开放性不强的来访者，虽然我这里有安静、不被打扰的条件，温馨的环境，我也很愿意听他们的内心话，但这些沉默寡言的来访者通常在咨询的一开始都会对自我开放感到艰难。后来我发现了一个好办法，就是在进入咨询室正式开始咨询之前，在接待室和来访者简单地寒暄几句能有效地缓解他们内心的焦虑，让他们找到一点谈话的感觉，比如，我们学校的心理辅导中心在五楼，我会问他们："爬五楼有点累吧？""你先休息一下我们再开始。""以前来过咨询室吗？你可以先走走看看。"我的办公桌上摆有魔术方块，还有一些学生带来的漫画，这些常常也会有助于打开学生的话匣子。也就是说，我们并不会在谈话的一开始就直指核心，这会显得过于严肃，甚至有些咄咄逼人。先谈点无关紧要的事情会让孩子感到放松。当然，这一切都是在接待室发生，心理咨询一旦正式开始，我就不会让咨询具有明显的社交色彩。

所以，有时候孩子可能并非缺少沟通的意愿，只是需要有一个启动和热身的过程。我在当班主任的时候，我们班有一个学生逃课，跑到操场玩，正巧我经过看到了他，我并没有打算像一个领导向下属训话一样对待他，或者给他讲一大堆的大道理。我问他："你怎么没去上课？"他回答："我不喜欢上英语课。"我也直截了当地告知："你现在再回班级打断课堂也不合适，正好现在有湖人队的比赛，你跟我一起回家看球吧。"后来我带他回家一起看了一场球赛，其间我们完全没有谈学习的事情，直到临走的时候，我才告诉他："我知道上课对你来说很无聊，但这样下去也不是办法。"后来我给他提了一些上课的建议，商量课堂上他可以做的事情，他表示很乐意尝试看看，并在后来的课堂上进步很大。我的意思是说，我们并不需要在谈话的一开始就直指核心。

我们可能平时和孩子的谈话都过于严肃了，中学里的大多数家长其实除了和孩子谈成绩之外并不知道还可以和孩子聊些什么。在学校里已经受够了"学习"这件事情，回来再谈"学习"实在让人提不起劲。你可以想象一下，你一下班，老婆就问你今天工作完成情况怎样，你做何感想？也就是我们和孩子的谈话太像是领导和下属的谈话了，我们问的问题，让孩子感觉要开始向你汇报工作。再换位思考一下，在学校里辛苦学习，回家之后还要向家里的领导汇报工作，换成是你，你愿意吗？

7–2 享受与孩子相处的时光

你可能会发出这样的疑问：可是孩子从来不愿意和我们谈话，彼此就更不了解对方，就更没有新的话题可以谈了。是的，但是你与孩子之间处境如此，你要负大部分的责任。你可以试着问问自己以下几个问题：

1.你知道孩子喜欢什么书吗？看过哪些书？

2.你知道孩子最要好的几个朋友是谁？

3.你知道孩子喜欢哪些电视节目？哪些电影？

4.你知道孩子最近有什么高兴或者难过的事情吗？

5.你知道孩子最近在打什么游戏吗？你了解这个游戏吗？

……

如果你很难回答这几个问题，那么你跟孩子很难好好聊天谈心是再正常不过了。了解孩子与同龄人中流行的东西，包括歌曲、玩具、游戏、书籍等，我们就会有与孩子交流的更多素材，孩子也更能从中感受到你对他的关注。当然，小孩子的东西常常过于低幼而让大人难以提起兴趣。我们也可以试着和孩子一起挑选双方都乐意玩的玩具或阅读的书籍，有时候我陪儿子（5岁）一起购买玩具或者书籍的时候，我会告诉他："这个我不喜欢，我们买一个可以一起玩的东西吧。"他通常都会爽快地答应了，因为有人愿意陪他玩，其实什么玩具或者书籍本身反而不是影响孩子快乐的最主要因素了。大人也要珍惜这段时光，因为随着年龄的增长，孩子和家长相处的时间会越来越少，他们独处、和同伴玩耍的时间会越来越多，你要想想，现在孩子还愿意陪你玩，以后可就没这机会了。

我从孩子很小的时候就陪着他一起看书、打球、打游戏、下棋、学习……总之，我们有许多共同的经历。有些家长只要在孩子提出打游戏的要求时就可能会严厉地拒绝，哪怕答应了，也要警觉地先威胁一下孩子不要玩太久，不然就要给他们好看。而我想反正打游戏也是挺有趣的事，何况孩子在我们不在的时候也会偷偷打游戏，倒不如干脆我陪着他光明正大地一起玩游戏，让他们玩游戏的时候少一些担惊受怕的情绪，我们也更了解孩子接触到了什么，让我们和孩子之间有更多的共同话题。

有时候，我要是有什么有趣的发现也会和他一起分享，比如，我儿子现在小学一年级，前几天我在网上看到一篇描述"宇宙有多大"的图文，对此我感到十分震撼，我很兴奋地拉着他，把这篇文章用他听得懂的语言告诉他，他露出惊讶的表情，惊叹地不断发出"哇哦"的声音，我和他都感觉到了分享和学习的乐趣。在平时，他只要有什么新的发现，也都会乐意与我们分享。你可能会觉得自己工作繁忙没有时间，但如我前面章节所言，这是一个人生的选择，你可以选择把更多的精力放在工作上，也可以选择留出一点精力来陪伴小孩，任何的选择都是可以的，只要你意识到孩子不愿意和我们交流可能与我们和孩子的陪伴太少有关，并且愿意接受陪伴太少带来的损失，那就好了。同时，我也想提醒，与孩子相处其实是一件十分有趣的事情，我从中可以得到休息和放松，而不是让我感觉更疲劳了。可以说，我现在每一天觉得最有趣最放松的事情就是晚上 8 点和儿子一起看中国历史，一起研究一些有趣的数学问题。这是我和他每天固定要做的事，很纯粹地享受着分享和学习的乐趣，并非为了达到什么功利性的目的，这样的经历也让我们有了更多的共同话题和情感联系。

7-3 先别急着堵住孩子的嘴巴

再回到前面提到的例子，中学的孩子一回家就把自己关在房间里不愿意和父母交流，父母有时候找他们了解学校的情况，孩子也会显得十分不耐烦。我常常会反问这些家长，当你想要和孩子谈话的时候，是否考虑到孩子的意愿？可以试着回忆一下，当孩子在很小的时候，会经常缠着大人，让大人陪他一起玩，可是我们常常会不耐烦地拒绝他，告诉他大人很忙，让他自己玩，或者严厉地斥责他们不要吵。小学生特别是低年级的孩子情绪比较外露，会比较喜欢和其他人聊天，分享自己的感受和想法，但一旦被父母拒之门外太多次，孩子的这种分享的热情也会被浇灭。等孩子年龄大一些的时候，情况就会开始反过来，现在忙的人变成了孩子，他们忙于学习，受困于青春期各种成长的烦恼，很少有耐心会愿意与大人交流谈心。但是我相信每个人都会有倾诉的欲望，只要大人对孩子有足够的尊重，他们还是会希望有一对可以谈心的父母的。家长们可以试着向他们发出邀请，问他们什么时候有空，想要和他们谈谈，把主动权交还给孩子，让他自己挑选时间，而非大人一有空就拉着孩子要谈话。甚至可以用写纸条或者发微信的方式跟孩子交流。

所以，不要怪孩子不愿意和我们聊天讲话，爸爸妈妈实在很擅长把和孩子的聊天搞砸了，堵住孩子的嘴巴我们做起来真是毫不费力。比如：

孩子：妈妈，我想和你说一件事情。

妈妈：什么事？

孩子：我想买蛋爆精灵的玩具。

妈妈：不行。家里已经那么多玩具了。

孩子：我就只要买一个嘛。

妈妈：不行就不行。

孩子：哼！不买就不买。每次都这样。

……

上面这个对话，我们可以看到孩子是有主动聊天的意愿的，但是妈妈连原因都不问就回绝了他的要求。也许他想买玩具是有其他合理的理由的？只是因为表达能力有限，无法及时地解释清楚？哪怕是毫无节制地乱买玩具，你也失去了告知他不能买这么多玩具的真实原因是什么，以及让他内化这条行为规则的机会。

如果我们这样对话，效果可能会完全不一样。

孩子：妈妈，我想和你说一件事情。

妈妈：什么事？

孩子：我想买蛋爆精灵的玩具。

妈妈：噢？家里不是已经有一个了吗？你买蛋爆精灵做什么呢？

孩子：下周佳佳（邻居小朋友）生日，我想买个礼物送给她。蛋爆精灵很好玩，我可以给她介绍怎么玩，以后就可以一起玩了。

妈妈：下周她生日呀，妈妈都不知道。

孩子：是啊，昨天我们一起玩的时候，她告诉我的，她让我下周去参加她的生日宴会。

……

我们了解了孩子想这么做的原因之后，有可能就会做出不同的选择了，接受了孩子的请求并非拒绝。我们与孩子的沟通渠道就保持畅通，也从孩子那里了解到了更多的信息。

当然，还有一种情况，对话还可能是这样子的，比如：

孩子：妈妈，我想和你说一件事情。

妈妈：什么事？

孩子：我想买蛋爆精灵的玩具。

妈妈：噢？家里不是已经有一个了吗？你买蛋爆精灵做什么呢？

孩子：弟弟（堂弟）家里有两个，我只有一个，我还想再多买一个。

妈妈：弟弟有两个，你很羡慕是吗？可是你还记得我们定下的规矩吗？

孩子：只能在特殊的节日才能买，可是我现在真的很想要……

妈妈：你可以拿你有的好玩的玩具和弟弟一起分享或者交换玩具玩，你的生日也快到了，等到时候你还想买，妈妈再买给你。

孩子：好吧。

……

虽然孩子可能还有些沮丧，但这是生活中合理的要求。我们通过了解孩子想买玩具的原因，告知了孩子更加合理的做法，不仅没有堵上与孩子沟通的渠道，还把不能毫无节制地买玩具这条规则再次传递给孩子。然而需要提醒的是，虽然我们可以通过聊天让孩子得到教育，但并不意味着所有与孩子的聊天或相处都是奔着这个目的去的。

7-4　别总想着要教育孩子

　　有一个妈妈告诉我，她也想陪伴孩子，和孩子多交流聊天，可是孩子对她提出的活动邀请大都不感兴趣。有一个周末她想带着孩子一起去爬山，她觉得儿子缺少耐心，意志力比较薄弱，刚好爬山可以锻炼他面对困难的意志品质。这次她坚持游说了好久，好不容易儿子终于答应。在爬山的过程中，小孩在半山腰累了说不想爬了，想往回走。妈妈催促他说："男子汉要不怕困难，起来继续爬，再坚持一会儿就到了。"她儿子生气地说："要爬你自己爬，我是爬不动了。"甩手就往山下走。妈妈只好也跟着下了山，一边走还一边唠叨："一个大男孩还没有我一个家庭主妇有力气，以后要经常来爬山锻炼身体，做事也不要一直半途而废……"我猜她儿子以后肯定更不愿意和她一起出行。我不知道是不是大多数的家长都十分忙碌，他们只要有空闲的时间与孩子相处，就总会迫不及待地想利用这些时间让孩子得到一些"教育"，懂得一些人生的道理。

　　有一个女生十分喜欢跑步，每天下午放学之后都会到操场跑几圈，偶尔会因为其他事情一两天没去跑步，但在没去的这一两天里，总会更加期待下一次跑步的到来。她的爸爸知道了这个事情，很高兴地告诉她："跑步很好，锻炼身体，培养意志力，你要坚持下去。要不是有什么特别紧急的事，你就要争取做到不缺席。"这位女生听了爸爸的话，觉得也挺有道理的，于是从此以后，她就每天用手机定了闹钟提醒，闹钟的名字叫作"坚持跑步"。在接下去的一个礼拜刚好也没有事耽误她跑步，她也顺利"坚持"了下来，可是她却开始觉得自己没有像以前那么喜欢跑步了，还感觉有些辛苦。当做一件事情变得不再纯粹，带着某种功利性目的，乐趣会少了许多，"努力"的感觉让人感到辛苦而非放松。

我们常常说要多陪伴孩子，但要谨记陪伴孩子并非让你教育孩子。我们可以让陪伴显得更纯粹一点，就像我们前面提到的，像朋友一样一起做点有趣放松的事情，不带任何功利性的目的。最重要的是我们要清楚陪伴与教育之间的区别，当你想着的是要教育孩子，那么主动权掌握在你手上，你会掌握谈话的方向，更倾向于讲一些人生大道理，做一些你希望在孩子身上发生的事。而陪伴孩子则是要把主动权交还给孩子，尊重孩子的意愿，看他想一起做些什么，我们跟着他一起做，在这陪伴的过程中自然而然就会有丰富的交流。

另外，我们最忌讳的是大人陪伴孩子只是做做样子而已，比方说有些大人看似整天跟在孩子身边，但是他跟孩子并没有多少互动，孩子在看书，大人在旁边看手机；孩子在打球，大人还是在旁边看手机；孩子在画画，大人继续在旁边看手机。我想这不太像是一个陪伴孩子的朋友，更像是一个跟在孩子身边的保镖，而且还不太尽职，整天盯着手机。

其实在生活中的绝大多数时候，我们只要做到陪伴和倾听就够了，孩子并不需要那么多的告诫、指教、建议、提醒。特别是上了中学的孩子，他们从小听着大人们的大道理长大，你还没开口，估计他们就知道你下一句要说些什么了。当道理都懂的时候，再多说就适得其反了，这就好比心理学中的"超限效应"，说得太多了孩子却更不听话，更为逆反。马克·

吐温听牧师演讲时，最初感觉牧师讲得好，打算捐款；10 分钟后，牧师还没讲完，他不耐烦了，决定只捐些零钱；又过了 10 分钟，牧师还没有讲完，他决定不捐了。在牧师终于结束演讲开始募捐时，过于气愤的马克·吐温不仅分文未捐，还从盘子里偷了 2 元钱。这种由于刺激过多或作用时间过久而引起逆反心理的现象，就是"超限效应"。

7-5　利用开放式的提问推进谈话

除了前面提到的陪伴孩子的建议，这里我还想聊聊倾听这个话题。要做到倾听，家长老师最先要克服的是说教的冲动。诉说总是对我们有很强的诱惑力，因为它能给我们带来宣泄的快感。我们都渴望通过说话去证明自己存在的意义，哪怕说的是你道听途说的别人的二手经验，也会给我们带来好像已经把我们的想法做得十分完美的错觉，但其实你只是在某个时间里，坐在某处，发出几段人类的声音而已，你什么都没做。也要意识到如果你有倾诉的愿望，那么你的沟通对象——孩子——也是一样，说教的冲动是倾听最大的敌人。你要让孩子乐于表达并乐于向你开放，那么你要做的首要工作是倾听。沟通的双方当有一方在不停地说话，另外一方肯定是保持相对沉默的，既然你占据了话语的主动权，那么孩子肯定就变得被动了。倾听的过程中当然也不可能完全地保持沉默，如果是这样，那我们跟一块木头有什么区别？如果我们需要讲话的时候，也要意识到我们所说的话都是为了促进孩子进一步开放，而不是重新夺回话语主动权。这里仅与大家分享一个心理咨询的沟通技巧——开放式提问，如果你需要了解更多，可以自行查阅各类介绍心理咨询的相关书籍，我这里只做简单的介绍。

我给大家的第一个建议是，你可以尝试在与孩子聊天的时候，不要连续超过 3 句话是以句号结尾的，也就是尽可能地让自己的谈话是以问号结尾的，让孩子来回答。同时，也要注意到，当孩子已经持续不断地在开放、表达，你并不需要急于去问下一个问题，也要避免让自己的提问过于紧凑，过于紧凑的问话会让人有一种被审问的感觉而给孩子带来压力。比如，一碰到孩子你就劈头盖脸地问个不停："今天上课有没有认真听？""都学了些什么？""带的水有没有喝？"如果我是孩子，我想我会想要快点逃走，或者对你的问题感到混乱。

在问话的时候也要注意到先从较为具体的问题开始，慢慢地再推进到比较抽象的、情感的问题。比如，孩子放学回来，你想和他聊聊，你一开口就直接问孩子："今天在学校过得怎么样？"我相信他肯定一时间反应不过来要如何回答，可能就只是泛泛地告诉你"还可以""还行吧""挺好的"之类的话，问题就在于你提的问题过于抽象，在孩子还没有充分地自我表达之前，根本提炼不出"我的感觉是怎样"的答案。

开放式提问是指提出比较概括、范围比较广泛的问题，回答的内容可以比较自由。比如，你问孩子"晚上回来你要先吃饭还是先做作业"或"晚上时间你打算怎样安排"，前一句就更为封闭，回答只能是先吃饭或者先做作业，但后一句的开放性就更强一些，答案也不会被限制为只有两种，会给孩子掌握更多谈话的自主感，也能传达给孩子更多关心和尊重的信息。值得注意的是，开放式的问题并不太适合在谈话的一开始就使用，用封闭一点的问题作为开头，能让问题变得简单易答一些，等孩子慢慢进入谈话的状态再问一些开放性的问题，把更多的说话空间留给孩子。做到这一点的难度在于，如果你平时陪伴孩子的时间太少，你甚至很难在谈话的一开始就问出孩子感兴趣的封闭式的问题。

把以上我的观点总结一下，与孩子聊天的注意事项：1. 控制住自己想要说教的冲动；2.尽可能以问号结尾，但拿捏尺度，不要连续发问以至于让孩子有被审问的感觉；3.问题要从具体形象渐渐过渡到情感抽象；4.通常以封闭式问题开头，以开放式问题推进谈话。

后　记
家庭教育的迷思

在写这本书的过程中，我一直倍感压力，这压力并非来自写作上的困难或者是书籍销售的压力，因为写作本身对我来说是一件有趣的事，我本来也对销量并不抱太高的期望。这压力是来自于对自己的担心，我时常担心我要是连自己的小孩都教育不好，有什么资格写这本书？在写书的过程中，我与儿子的互动也时不时会出现对抗的情况，咨询中也偶尔会碰到让我感到"无能为力"的个案，每次出现，我的压力就增加一分。后来我从这份纠结之中解脱出来，因为我发现我是在分享一种价值观而非在告诉大家唯一正确的"说话"方式，就像每一个家长和老师都有自己的教育理念和教育方法，只是他们没有我这样的写作兴致罢了。同时，我也认为失败的经验是值得借鉴的，如果我有做得不好的地方，只需要真诚地承认这一点，努力从中得到启发并分享给大家，失败也会是有益的经历。

我也一直在反思自我，我自己在家庭教育和学校教育中并没有做到完美，和大多数的家长和老师一样，我不少时候也只能做到勉强及格，甚至有时候难以避免地表现糟糕。我们很难做到像市面上流行的育儿书籍所描述的那么完美，但也不必过于自责，这种自责所带来的愧疚感无法帮助我们更好地面对教育问题。要知道，良好的家庭教育需要父母的陪伴倾听、理解支持、平等沟通，但肯定不需要有一对自责愧疚的父母，就像不需要愤怒暴躁的父母一样。我们唯一需要做的是，了然地知道什么做法是有益的，并做出积极的改变就可以了。

值得提醒的是，改变是十分困难的。我们都受困于强大的惯性，特别是年纪越大，改变越显不易。我也曾经努力尝试改变一些存在明显教育问题的来访者的父母，甚至也尝试改变自己身边最亲近的人，例如我的父母。当然，我的观念并非唯一正确，但我还是想尝试让孩子身边时常接触的最亲近的人有相同的教育理念，可是即使费尽心力，家里老人家也难以改变太多，我曾经为此感到不解和愤懑。后来我想，我改变不了他们，就像他们改变不了我一样，他们坚信他们的观念，我奉行我的价值，因为毕竟在教育领域中科学实证研究也只能解释极小的一部分教育现象，并没有充足的证据证明我所认为的做法就会对孩子健康成长起到更大的作用。仔细回想，我们不也是从小受着"思想陈旧""冥顽不化"的父母的教育长大的，尽管我们得到的是比现今要"粗暴"得多的教育，但我们当中的大多数人也都成长得还不错。当然，我们前面讨论的前提是父母和老师并非采取极端的教育手段，例如辱骂殴打孩子等跨越道德法律底线的言行。

再者，我们也会发现有一些从没有学习过育儿理论的家长也把孩子教育得十分出色，为什么会这样子呢？这只能说明影响孩子健康成长的因素实在太多了，我们的"好好说话"只是诸多影响因素当中的一个而已。

我们并不确切地知道这个世界是如何运转的，甚至可以说是知之甚少的。所以，你会在我这本书里面看到很多诸如此类的限定词"常常""也许""有时候"，我很少把话说绝对了，因为我们确实没有这么绝对化的科学结论。在这里再次提醒，不要把这本书或其他书所阐述的观点不加辨别地奉为唯一绝对正确的真理。

我并非夸大其词，在教育工作中这样的家长占到绝大多数，他们会不厌其烦地询问我："会不会是因为我工作忙陪孩子的时间比较少，所以他才变得这么内向孤僻？""是不是我们转学很多次导致孩子成绩急剧下滑？""我们已经很耐心地和孩子讲话，但他还是不愿意多说什么。"我其实也回答不了这些问题，我只能回答你"可能""也许"。心理学的一个科学观点是："人的行为是受到多种因素共同决定的。"很多决定性的唯一因素可能都是我们主观夸大的，人的思想行为和这个世界一样都盘根错节般复杂。理解并接受这一观点并不太难，但仍然很难避免我们陷入主观偏见之中，夸大某一因素在孩子成长过程中的重大影响，特别是在电视媒体、书籍报刊和网络信息中常常看到各种各样言之凿凿的育儿信息，例如我们常常可以在朋友圈看到大量的人转发诸如此类的消息：《孩子一生中的黄金八年，很多父母后悔太晚看到！》《不给零花钱，孩子可能穷一辈子！》《如果你孩子常吃这几类食物，孩子必定聪明！》《孩子哭了，你的第一句话决定孩子的未来！》。这类文章通常都以感叹号结尾，并持有绝对化的、危言耸听的观点来吸引人眼球：几类食物决定孩子的智商，你的一句话决定孩子的未来……这种把单一因素夸大到极致的文章不过是哗众取宠的标题党罢了，实际上并不存在单一因素决定人们的心理品质或习惯言行。

我们可能过高估计了我们的教育对孩子成长的影响程度，你可以回顾一下本书第二章当中提到的，我们每个人都深受先天倾向性的影响，心理品质都是高遗传性的，人与人之间的差异很大程度上是因为基因的不同，当然并非否定环境和后天的影响，只是基因的影响程度可能大过于我们大多数人的想象。"现在有很多的人格特质都是用行为遗传学的方法来研究的，结果相当清楚，而且有一致性。在受试者样本群的变异中，遗传大约占了50%，环境是另外的50%。"而近代又有一些研究做进一步解释，后天的影响因素中，同伴、生活事件、意外等的影响大概占40%，父母所提供的共享家庭环境（父母学历、物质条件等）大概占10%。而且我们也得注意到父母其实在孩子年纪越小的时候对孩子选择同伴、学校、社区等成长环境的影响力也是越大的，我们在孩子年纪小的时候，在选择不同的幼儿园、小学甚至是中学几乎有着绝对的权力，这似乎让后天的影响也盘根错节，很难把父母的家庭教育单独剥离出来，并批判它影响微小。因此也要提醒家长在不陷入过度自责的同时，也不要把这个结论当成回避父母教育责任的理由，毕竟我们在孩子年纪越小的时候，影响力越大，随着孩子年纪的增长，变得越来越独立，其他因素才渐渐地夺走了对孩子心理品质的影响力。

当我们在对孩子有强硬的要求时，要特别警觉自己是否陷入了教育的迷思，过度夸大了某一种行为对人生的影响力。比如，我会看到一些家长强迫自己的小孩看一些书籍，在小孩并不乐意的时候，他们会对孩子进行恐吓："不多看点书，学习成绩怎么会好？"我想提醒的是，我们可能过于绝对化而失去了观点的灵活性。毕竟我们从小因为缺少良好的学习环境而没有多少阅读量也过得挺好，没有任何证据证明这一点：小时候家长强迫孩子读多少本名著，对他未来学习成绩、幸福感或经济收入会存在因果关系或显著相关。不必为了一些臆想猜测的未来而丢掉当下的好心情。注意，我并非在暗示大家可以不用阅读。当孩子对阅读感兴趣的时候，我们为何不顺水推舟？何况书籍其实本来就充满了吸引力，只要不过多干涉，用恰当的方式引导孩子，他们通常对阅读会十分感兴趣。所以我们在意的并非阅读有多好，不阅读又会有多坏，我们在意的是我们让孩子接触阅读的方式，特别是当你偏执地认为这对孩子会有巨大的好处的时候，当你焦虑地认为不阅读孩子将会陷入某种不幸的未来时，你就极可能无法做到"好好说话"。用强迫的方式要求孩子必须做到让大人满意的阅读量，这个时候阅读量会不会影响孩子的未来我们不得而知，不过我们可以肯定的是，父母强硬的姿态对亲子关系必然有不良的影响。当然，我们并不仅仅指阅读这件事，家长和老师在很多事情上都存在对孩子强硬的绝对化要求的现象。

虽然我认同父母对孩子心理品质的形成和人格的发展的影响力从长期来看是几乎没有的，但这里讨论的范畴还局限于正常家庭的范畴，当孩子所身处的家庭教育环境极端恶劣的时候，父母对孩子人格发展的影响力将会急剧上升，或者说父母所塑造的极端恶劣的家庭教育环境对孩子人格发展将产生巨大的恶劣影响。这样的道理并不难理解，例如，父母采用极端的暴力殴打孩子，甚至拿刀威胁孩子要不听话就拿刀割他，孩子将失去原有的个性，孩子的言行将更多地取决于父母的要求。或者我们再举一个更极端恐怖的例子，父母将孩子从小关在一个不见天日的小黑屋里，小孩将永远失去个性心理品质成长发展的可能性。在这里，你能说父母对孩子的人格发展没有长远的影响吗？所以，我们应该避免给孩子提供极端的家庭教育环境，也要对一些虽然没有到达极端的程度，但有向极端发展的倾向性的情况保持警觉，比如，我们虽然不会拿刀威胁小孩，但我们是否曾经拿起棍棒挥向小孩？我们虽然不会将孩子关在小黑屋里，但我们是否有许多对孩子严厉监督、强迫服从的行为呢?

"有大量的研究发现,父母粗暴养育行为与儿童的攻击行为和破坏行为存在密切关系,还会损害儿童的意志控制力,让儿童更容易体验到焦虑、抑郁、愤怒等负面情绪,更容易形成消极的自我评价。"也就是说,我们很难对孩子形成好的影响,但是很容易就可以对孩子造成不良的影响,正如一句俚语:"学好三年,学坏三天。"也许我们对孩子最好的影响,就是没有影响。或者更准确的描述是,我们要在保证孩子人身安全的前提之下,尽量提供一个让孩子感觉不到我们的控制的家庭成长环境。这很难做到,所以我才说尽量,就好像我们消失在孩子所身处的情境之中,但在孩子需要我们的时候,他又随时可以找到我们。

心理学有很多定性研究却常常很难定量,比如,我们在本书的第六章提到物质奖励的消极影响,可能会削弱孩子做出奖励行为的内在动机,但我们并无法准确地知道到底对孩子的内在动机有多大程度的影响。所以虽然在做心理科学实验的时候,我们会把内在动机单独拿出来研究,但在教育孩子的时候,我们更多的是把孩子当作一个整体来看,很少单独把内在动机或其他因素单独剥离出来分析一番。在科学心理学并没有定论的情况下,我个人认为通常情况下物质奖励对孩子的影响并没有如此重大,当然仅是我个人的看法,你可以做个参考。

我在写这个段落之时,恰逢小学一年级的儿子期末考试结束,他拿了年级第一。家里人都像过节一样欢腾,他爷爷奖励他 200 元,妈妈奖励 200 元,叔叔奖励 100 元,外公外婆也早就准备好给他的奖励。我很容易就能猜测到,看到这样的情景,一位心理老师或者教育专家可能的反应是什么:他们可能会立马告诉我要警惕这样的现象,这对孩子的成长不利,削弱了孩子的内在学习动力，破坏学习兴趣。先不必大惊小怪，就如我们前面所说的，不仅普通人群，心理和教育的专业工作者也常常会夸大单一因素对孩子人生成长的影响，甚至比大多数人更甚。相对于破坏欢乐愉快的家庭氛围（我如果说了专家说的那些话，家里人肯定对我翻白眼），我更愿意承担科学尚无法定量论证的物质奖励对孩子学习内在动力可能的削弱风险。因为孩子哪怕没有从我家人那里受到物质奖励的吸引，身处于我们的社会文化之中，他也很容易从其他地方受到外在诱惑的吸引。当然，如果机会成熟，我仍然会尝试说服孩子的家人尽量不要给予过多的物质奖励，并不会以"正常"和"伤害小"的理由而放任不管，同时也会继续注重培养孩子对学习活动的兴趣，毕竟内在动力和外在动力并不完全是此消彼长的两部分，它们是可以共存的。

我儿子在期中考的时候考了年级唯二的双百，他们班有 17 个年级前 50 名，有一天吃晚饭的时候，他告诉了我一个故事："我们是一群在爬山的人，我们班只有 17 人爬上了山，其他人都掉下了悬崖，我和三班的一个同学两个人爬在了最前面，即将要进行巅峰对决，你知道我们将怎么对决吗？"我问："怎么对决？"

他接着说："下次谁没考双百谁就输了对决。"

听了我儿子讲的故事，我深感震撼，我们并没有明显、直白地表达对考试的重视（当然，也很可能只是我们自以为的），更没有恐吓考得不好就会对他怎样，因此我会倾向于认为整个环境或者说是文化对他形成这个隐喻故事的影响力更大，且起到决定性的作用。

儿子（很多儿童都是）的觉察能力确实很强，他感知到了这个世界呈现给他的"真实"模样。你可以试着回想，你还能想得出除了用战争、对决之外的词来形容考试吗？

既然儿子是在文化环境之中自然而然地形成"比较成绩"的心理，那么我倾向于认为这是文化给处于其中的绝大部分人构筑的集体意识，而非具体某个人对他的观念的形成负大部分的责任。

再往深了说，既然是社会构造了人的常态观念，会"比较成绩"的心态并非如现在普遍的教育观念所认为的——比较成绩是一种不健康的心理，因为这是符合文化价值观的常态心理。当然，"不要比较"也是另一种价值选择，但是如果自认为先进的教育工作者固执地认为"不比较成绩"的外在动力才是健康的心理，这反而更可能造成心理问题。

正因为身处于我们的教育文化之中，学习动力太容易被外化，所以我根本不想花费力气与之抗争，强硬地去指责孩子身边接触的所有人，包括老师、同学、爷爷、奶奶、叔叔、阿姨等等，虽然他们这么做极可能有害，但可惜我也说不出来会有多大的伤害，套用网上流行的一句话："离开剂量谈毒性都是耍流氓。"我只要在心底了然地知道孩子的知识掌握水平，并做好当孩子考不好的时候的心理准备和应对措施，就不惧怕对于整个漫长人生而言这么小剂量的物质奖励对他心理成长会有多大的伤害。

我只要让他保持对学习知识的兴趣、对探索更大世界的欲望，那就足够了。虽然他依然会受到外在诱惑的吸引，但内在的那份朴素的期待和追求也同时存在，内在和外在动力是可以并存的，只要内在的动力相当稳固，根本不用担心外在的奖励会对内在动机有多大的削弱作用。所以，我的教育选择是，不浪费精力去避免人生中的小伤小害，把更多的精力用在对孩子有确切实在的教育帮助上。

我并非让大家认为父母和老师打骂或者其他伤害孩子的教育方式无关

紧要，正如前面所言，我们要避免给孩子提供趋向于极端的受教育环境。当孩子处于极端恶劣的环境，比如常年处在战乱、污染、饥荒国家的孩子，能存活下来都是十分困难的，根本谈不上健康成长。虽然在阅读本书的你所处的社会环境没有如此极端恶劣，但也有可能是身处趋向于极端恶劣的小环境之中，比如学生素质较低、制度管理混乱的学校，孩子可能受到较多的干扰、以大欺小甚至霸凌的不良影响。所以，我们的教育从长远看来对孩子的心理品质的形成没有太大的影响，但并非对孩子的其他方面毫无影响，比如，同样乐观外向的两个孩子，一个家庭条件优越有机会从小练习钢琴，一个家庭贫困早早就辍学在家，两个人虽然同样乐观外向，但是父母的家庭教育对孩子天赋的发挥和技能的培养有巨大的影响。再比如，父母在孩子很小的时候就可以给他选择身边的同伴（同伴对孩子心理品质的形成可能比父母还大），还可以给孩子选择学校和班级，现代社会学区房的价格如此昂贵不是没有道理的，从"孟母三迁"的故事中可以得知孟子的母亲真是一个懂教育的人啊。所以，不要消极地认为我们对孩子毫无影响力，父母和老师可以给孩子提供自由丰富的成长环境，避免极端环境对孩子身心健康的恶劣影响，还可以对孩子变成一个有什么学识、能力的人有巨大的影响，甚至可以通过选择同伴来对孩子的心理品质的形成产生间接的影响。

最后，我想提醒大家的是，我们这本书的主旨更像是告诉大家"如何培养一个健康快乐的小孩"，而不是在讨论"如何培养一个优秀成功的孩子"。有人可能会觉得一个健康快乐的小孩就是优秀成功的小孩，但现实生活中这两者通常并非一致。在正常情况下，我们对孩子形成什么样的个性心理品质并没有决定性的影响力，但对孩子能否成为一个优秀成功的人却有着极大的影响力。"我们通常认为，个体特征的卓越是一个人出类拔萃的根本原因。但其实个性作用并非个人成功的决定因素。成功人士并非白手起家，他们以某种形式获得家族的荫蔽和支持。"比如，大家都知道比尔·盖茨大学辍学之后创办微软公司成为世界首富的事情，但很少人提及盖茨的父亲是西雅图知名律师，母亲是一位富有的银行家的千金。所以，如果你是想要把孩子培养成为一个优秀卓越的成功人士，最有效的做法是你自己先努力成为一名成功人士。

必须肯定的是，当我们成为一名拥有财富、地位、权力的成功人士之后，这确实更能保障我们拥有培养一个"健康快乐的小孩"的可能性，"但目前有一项耐人寻味的结论：金钱确实会带来快乐，但是有一定限度，超过限度之后的效果就不那么明显了……目前看来，对快乐与否的影响，家庭和社群要比金钱和健康来得重要"。

努力让自己成为一个卓越的人并用心改善孩子的受教育环境，我想这会是我们扮演好"父母""教师"等教育者角色的最优选择。

参 考 文 献

1. 欧文·亚隆.团体心理治疗：理论与实践（第5版）[M].李敏，李鸣，译.北京：中国轻工业出版社，2010.

2. 马歇尔·卢森堡.非暴力沟通[M].阮胤华，译.北京：华夏出版社，2015.

3. 伊坂幸太郎.一首小夜曲[M].金静和，译.北京：新星出版社，2016.

4. 蔡仲淮.完形疗法入门[M].北京：北京师范大学出版社，2012.

5. 约翰·萨默斯.心理咨询面谈技术（第4版）[M].陈祉妍，江兰，黄峥，译.北京：中国轻工业出版社，2014.

6. 克里希那穆提.一生的学习[M].张南星，译.北京：群言出版社，2004.

7. 朱迪斯·贝克.认知疗法：基础与应用（第2版）[M].张怡，孙凌，王辰怡，译.北京：中国轻工业出版社，2013.

8. 奇普·希思，丹·希思.瞬变：让改变轻松起来的9个方法[M].姜奕晖，译.北京：中信出版社，2014.

9. 许维素.焦点解决短期心理治疗的应用[M].北京：世界图书出版公司，2009.

10 罗杰•霍克.改变心理学的40项研究：探索心理学研究的历史（第6版）[M].白学军，等译.北京：人民邮电出版社，2014.

11 菲利普•津巴多.路西法效应：好人是如何变成恶魔的 [M].孙佩妏，陈雅馨，译.北京：生活•读书•新知三联书店，2010.

12 莉儿•朗蒂.从此跟羞怯说拜拜 [M].辛献云，译.北京：北京航空航天大学出版社，2011.

13 史蒂夫•C.海耶斯，斯宾斯•史密斯.学会接受你自己：全新的接受与实现疗法 [M].曾早垒，译.重庆：重庆大学出版社，2013.

14 茱蒂•哈里斯.教养的迷思：父母的教养方式能不能决定孩子的人格发展？[M].洪兰，译.台北：商周出版社，2000.

15 马克•威廉姆斯，约翰•蒂斯代尔，津戴尔•塞戈尔，等.改善情绪的正念疗法 [M].谭洁清，译.北京：中国人民大学出版社，2009.

16 威尔•鲍温.不抱怨的世界 [M].陈敬旻，译.西安：陕西师范大学出版社，2009.

17 李中莹.重塑心灵：每个人都拥有让自己成功快乐的能力（升级版）[M].北京：北京联合出版公司，2015.

18 基思•斯坦诺维奇.对"伪心理学"说不 [M].窦东徽，刘肖岑，译.北京：人民邮电出版社，2012.

19 马尔科姆•格拉德威尔.异类：不一样的成功启示录 [M].苗飞，译.北京：中信出版社，2014.

20 尤瓦尔•赫拉利.人类简史：从动物到上帝 [M].林俊宏，译.北京：中信出版社，2014.

21 冯竹青，葛岩.物质奖励对内在动机的侵蚀效应 [J].心理科学进展，2014，22（4）：685-692.

22 高爽，张向葵．表扬对儿童内在动机影响的元分析 [J]．心理科学进展，2016，23（9）：1358-1367.

23 赵景欣，王美芳．批评/表扬与儿童反应模式的关系 [J]．心理科学进展，2003，11（6）：663-667.

24 李抗，杨文登．从归因疗法到内隐理念：德韦克的心理学理论体系及影响 [J]．心理科学进展，2015，23（4）：621-631.

25 徐慧，张建新，张梅玲．家庭教养方式对儿童社会化发展影响的研究综述 [J]．心理科学，2008，31（4）：940-942.

26 叶浩生．具身认知：认知心理学的新取向 [J]．心理科学进展，2010，18（5）：705-710.

27 辜美惜．Swann 自我验证理论及实证研究简介 [J]．心理科学进展，2004，12（3）：423-428.

28 聂桂兰，张霭云．对教师语言暴力现象的理性思考 [J]．修辞学习，2008，（1）：64-67.

29 蒋艳菊，鼓雅静．习得性无助感研究及其对教育的启示 [J]．心理研究，2008，1（4）：86-90.